BIBLIOTHÈQUE

DE L'ÉCOLE

DES HAUTES ÉTUDES

PUBLIÉE SOUS LES AUSPICES

DU MINISTÈRE DE L'INSTRUCTION PUBLIQUE

SCIENCES PHILOLOGIQUES ET HISTORIQUES

CENT-SEPTIÈME FASCICULE

MATÉRIAUX POUR SERVIR À L'HISTOIRE
DE LA DÉESSE BUDDHIQUE TĀRĀ
PAR GODEFROY DE BLONAY

PARIS

LIBRAIRIE ÉMILE BOUILLON, ÉDITEUR

67, RUE DE RICHELIEU, AU PREMIER

1895

Sur l'avis de M. Sylvain LÉVI, directeur adjoint pour les études
sanscrites, et de MM. Michel BRÉAL et James DARMESTETER,
commissaires responsables, le présent mémoire a valu à M. GODE-
FROY DE BLONAY le titre d'*Élève diplômé de la section d'histoire et
de philologie de l'École pratique des Hautes Études.*

Paris, le 2 juillet 1894.

Le Directeur adjoint,

Signé : SYLVAIN LÉVI.

Les Commissaires responsables,
Signé : M. BRÉAL.
    J. DARMESTETER.

Le Président de la Section :
Signé : G. PARIS.

MATERIAUX

POUR SERVIR A L'HISTOIRE

DE LA

DÉESSE BUDDHIQUE TĀRĀ

CHALON-SUR-SAÔNE, IMP. FRANÇAISE ET ORIENTALE DE L. MARCEAU

MATÉRIAUX

POUR SERVIR A L'HISTOIRE

DE LA

DÉESSE BUDDHIQUE TĀRĀ

PAR

GODEFROY DE BLONAY

ÉLÈVE DIPLÔMÉ DE L'ÉCOLE PRATIQUE DES HAUTES ÉTUDES

PARIS

LIBRAIRIE ÉMILE BOUILLON, ÉDITEUR

67, RUE DE RICHELIEU, AU PREMIER

—

1895

INTRODUCTION

Le présent travail a pour sujet la déesse buddhique Tārā. Jusqu'ici cette divinité n'était connue que par les rares mentions que lui accordaient les ouvrages généraux; on savait aussi qu'un certain nombre d'hymnes adressés à cette divinité existaient en manuscrit dans les collections buddhiques.

Je me suis proposé de coordonner les documents principaux que j'ai recueillis sur Tārā, afin qu'il fût possible de se rendre compte du rôle que cette divinité et son culte ont joué dans le buddhisme.

Le hasard a mis à ma disposition trois textes qui caractérisent heureusement les différents aspects du sentiment religieux dans le buddhisme:

Le *Sragdharā stotra*, composé par Sarvajñamitra, un lettré distingué qui se meut à l'aise dans les difficultés d'un mètre compliqué et qui met les ressources d'un style savant au service d'une foi ardente et d'une dévotion exaltée. Ce petit poème peut figurer parmi les inspirations les plus heureuses de la poésie personnelle à côté des *Cent cinquante Stances de Mātṛceṭa*[1] qu'I-Tsing admirait comme un chef-d'œuvre, et surpasse assurément en mérite littéraire les hymnes buddhiques publiés jusqu'ici[2].

Les *Cent huit Noms de Tārā* ou *Āryatārānāmāṣṭottaraçataka-stotra* forment avec l'œuvre de Sarvajñamitra un étrange contraste. Pour parfaire le nombre consacré, qu'une superstition commune imposait aux buddhistes aussi bien qu'aux brahmanes, l'auteur anonyme fait défiler une litanie d'épithètes incolores aisément

---

1. Fujishima : *Deux chapitres*, etc.
2. Minayeff : *Mémoires de la Société Archéologique*, t. II, fasc. 1, etc.

transportables d'une divinité à l'autre, et qui n'ont d'autre vertu que de concourir au total obligatoire. La liste des *Cent huit Noms* encadrée comme à l'ordinaire dans un dialogue, entre Vajrapāṇi et Avalokita, est sans nul doute un chapitre isolé d'un de ces tantras de Tārā auxquels Sarvajñamitra fait allusion, où l'adoration de la déesse se mêlait à des pratiques magiques ou répugnantes[1].

L'*Ekaviṃçatistotra* est encore un fragment tantrique où les formules d'adoration se suivent à l'aventure sans que l'auteur ait pris même la peine de leur donner un cadre. La langue, la métrique et la raison sont violées avec un égale indifférence.

Mon travail eût été incomplet si je n'avait pas recherché les traces de Tārā dans les pays étrangers à l'Inde, où le buddhisme a trouvé une grande faveur. Dans la littérature chinoise, je puis signaler plusieurs passages relatifs à Tārā, et je tiens à remercier M. Specht de l'obligeance avec laquelle il m'a prêté son précieux concours en ce domaine.

Le Tripiṭaka chinois donne les titres des hymnes sanscrits que je publie; le contenu que j'ai dû me contenter d'étudier sommairement semble répondre en partie seulement à mes textes.

Au Tibet, Tārā semble avoir été spécialement en honneur. Le buddhisme a eu pour propagateur dans cette région le roi Srong-Tsan-Gampo. Les deux reines ses épouses le secondèrent de leur zèle et restèrent si populaires que la légende en fit les Tārās tibétaines.

Au XVIe siècle encore, Tāranātha, l'historien du buddhisme indien, consacre une partie de son ouvrage à la biographie de saints personnages voués au culte de Tārā.

Ces biographies ne valent pas seulement par l'intérêt du conte,

---

1. Les catalogues nous font connaître les titres de plusieurs ouvrages qui se rattachent au culte tantrique de Tārā sans spécifier le caractère brahmanique ou buddhique de la divinité : *Tārāpaddhati*, 170 p., 800 vers; *Tārāpūjanapaddhati*, 120 p., 1200 vers; *Tārārahasyavārttika*, 250 p., 6000 vers ; *Tārābhaktisudhārṇava*; *Tārānityārcanavidhi* (avec les mille noms de la déesse). Ces textes citent d'autres ouvrages intéressant Tārā : *Tārākāraṇīya*, *Tārārṇava*, *Tāropaniṣad*. Voir : *Paṇḍit Deçīprasāda*, Catalogue of the sansc. mss. existing in Oudh Province for the year 1889, xv. 21, 22, 23, et *India Office, Cat. of sansc. mss.*, n° 2596 et 2603.

mais elles représentent certainement une tradition ancienne fondée sur des documents indiens. L'introduction de Jinarakṣita à son commentaire du *Sragdharā stotra* montre que les légendes recueillies par Tāranātha étaient déjà constituées définitivement dans l'Inde longtemps avant la compilation de l'auteur tibétain.

Qu'il me soit permis de remercier mon maître, M. Sylvain Lévi, des conseils et de l'aide patiente dont il n'a cessé de favoriser mes recherches. Si, grâce à lui, mon travail a quelque mérite, c'est pour moi un devoir et un privilège que de lui témoigner ici ma profonde gratitude.

G. B.

BIBLIOGRAPHIE

OUVRAGES CITÉS

AUFRECHT. — *Catalogus Codicum sanscritorum bibliothecæ bodleianæ.* Oxonii, 1864.

BALFOUR (Sʳ G. Edw.). — *The Cyclopedia of India and of Eastern and Southern Asia.*

BARTH. — *Les religions de l'Inde.* Paris, 1876. Sandoz et Fischbacher.

BARTH. — *Bulletin des religions de l'Inde*, dans *Revue de l'histoire des religions.* 1889.

BENDALL (Cecil). — *A Journey of literary and archæological researches in Nepal and Northern India.* Cambridge, 1886.

BENDALL (Cecil). — *Catalogue of buddhist-sanscrit manuscripts in the university library of Cambridge.* Cambridge, 1886.

BHAGVANLAL INDRAJI. — *Inscriptions from Nepal (Indian Antiq.,* vol. IX).

BÜHLER. — Voir *Indian Antiquary*, v. II, p. 106.

BURGESS. — *Elura Cave temples, Archæological Survey of Western India.* 1883.

BURGESS, voir FERGUSSON.

BURNOUF. — *Introduction à l'Histoire du Bouddhisme indien.* Paris, 1844.

Catalogue of the sansc. Mss., in the library of the India Office Part. IV, by WINDISCH and EGGELING. London, 1894.

CUNNINGHAM. — *Ancient Geography of India.* London, 1871.

COWELL et EGGELING. — *Catalogue of buddhist-sanscrit manuscripts in the possession of the Royal Asiatic Society* (Hodgson Collection). *Journ. of R. A. S.*, new series, t. VIII.

CSOMA DE KÖRÖS. *Analyse du Kandjour*, trad., L. FEER. *Annales du Musée Guimet.* T. II.

DOWSON (J.). — *A classical Dictionary of Hindu mythology and history.* 1875. Trübner's Oriental Series.

EDKINS. — *Chinese Buddhism.* London, 1880.

EITEL (ERNEST). — *Handbook of Chinese buddhism.* London, 1888.

FERGUSSON ET BURGESS : *The Cave Temples of India,* London, 1880.

FLEET. — *Corpus Inscriptionum Indicarum.* Calcutta, 1888.

FLEET. — V. *Indian Antiquary,* vol. X. Bombay, 1881.

FUJISHIMA (Ryauon). — *Deux chapitres extraits des Mémoires d'I-Tsing sur son voyage dans l'Inde,* J. A., 1888.

GAUR DÁS BYSACK. — *Notice on a buddhist monastery at Bhot Bágán (Howrah), on two rare and valuable Tibetan mss., etc...* J. of R. A. S., v. LIX, 1890.

HODGSON (B. H.).— *Essays on the langage, litterature and religion of Nepal and Thibet.* London, 1874.

HODGSON. — *Quotations in Proof of his sketch of Buddhism.* J. of R. A. S., old series, t. II.

HUNTER, W. — *Catalogue of the Hodgson's Manuscripts,* London, 1881.

JULIEN (Stanislas). — *Mémoires sur les contrées occidentales,* traduits du sanscrit en chinois en l'an 648 par Hiouen-Tsang et du chinois en français. Paris, 1858.

KERN. — *The Saddharma Puṇḍarīka* (Sacred Books of the East, v. XXI).

KERN. — *Der Buddhismus und seine Geschichte in Indien.* Trad. Jacobi, Leipzig, 1884.

KIELHORN.— v. *Ind. Ant.,* v. XVII. *A buddhist Stone Inscription from Sravasti.*

KLAPROTH (Julius). — *Reise in den Caucasus und nach Georgien.* Halle-Berlin, 1812.

LANGLOIS (M.-A.). — *Harivansa, ou histoire de la famille de Hari,* traduit sur l'original sanscrit. Paris, 1834.

LAVALLÉE-POUSSIN (Louis de). — *Bodhicaryāvatāra,* v. *Muséon,* t. XI. Louvain, 1892.

LÉVI (Sylvain). — *Le Théâtre indien.* Paris, 1890.

MINAYEFF. — *Recherches sur le Bouddhisme,* trad. Assier de Pompignan. Paris, 1894.

MITRA (Rājendralāla). — *The sanscrit buddhist Literature of Nepal.* Calcutta, 1882.

MITRA (Rājendralāla). — *Buddha Gaya, the hermitage of Sakyamuni.* Calcutta, 1878.

OLDENBERG. — *Le Buddha,* trad. A. Foucher. Paris, 1894.

PANDITA DEVI PRASÁDA. — *A Catalogue of sanscrit manuscripts existing in Oudh Province for the year 1889, compiled* Allahabad, 1893.

RĀJATARANGINĪ. — Voir STEIN, et TROYER.

SCHIEFNER (Anton). — *Tāranāthas Geschichte des Buddhismus in Indien*, aus dem Tibetischen uebersetzt. Saint-Petersburg, 1869.

SCHLAGINTWEIT (E. de). — *Le Bouddhisme au Thibet*. Annales du Musée Guimet, t. III.

STEIN (M. A). — *Kalhaṇa's Rājataraṅgiṇī, or Chronicle of the Kings of Kashmir*. Bombay, 1892.

SVAYAMBHUPURĀNA. — Manuscrit devanagari, n. 78, Cat. Bibl. Nat.

TĀRANĀTHA. — Voir SCHIEFNER.

TROYER. — *Rājataraṅgiṇī, histoire des rois du Kasmir*, trad. Paris, 1840.

WADDELL. — *J. of R. A. S.*, janv. 1894.

WASSILIEW (W.). — *Der Buddhismus, seine Dogmen Geschichte und Litteratur*. Saint-Pétersbourg, 1860.

WRIGHT. — *History of Nepal*. Cambridge, 1877.

WILSON (H. H. W.). — *Works*, etc., London, 1861-1877.

MATÉRIAUX

POUR SERVIR A L'HISTOIRE

DE LA

DÉESSE BUDDHIQUE TĀRĀ

I

SOURCES LITTÉRAIRES

Les documents les plus complets que nous ayons sur le personnage et le culte de la déesse buddhique Tārā appartiennent à la littérature sanscrite népalaise. Ce sont le *Sragdharāstotra* avec son introduction dans la ṭīkā de Jinarakṣita, la liste des *Cent huit noms de Tārā: Aryatārānāmāṣṭottaraçataka*, et l'*Hymne en vingt et un vers : Ekaviṃçatistotra*.

Il a dû exister encore d'autres textes relatifs à Tārā qui seraient précieux à retrouver ; c'est à Tāranātha que nous devons d'en connaître au moins deux par leurs titres ; il dit à propos de l'ācārya Rāhulabhadra : « Son histoire est racontée dans la *Description de la vie de Tārā*[1]. » Les informations de Tāranātha ne déterminent malheureusement ni la date ni l'origine sanscrite ou tibétaine de cet écrit.

L'autre est le *Tārāsādhanaçataka*, par Candragomin ; Tāranātha nous apprend que cet ouvrage a été traduit en tibétain[2].

Le catalogue du Kandjour nous apprend l'existence dans le canon tibétain des textes suivants en rapport avec le culte de Tārā :

Rgyud   IV 13 Tārākurukullakalpa.

»   XIV 49 Sarva Tathāgata mātānī Tārā viçvakarma bhava tantra.

---

1. TĀRANĀTHA, p. 93.
2. TĀR., p. 156.

Rgyud   XIV 50 Ārya Tārā bhadra nāma aṣṭaçatakam.
  »   XIV 51 Tārā Devī nāmā aṣṭaçatakam.
  »   XIV 53 Tārā svapratijñā dhâraṇī (mantra).
  »   XVIII   Bhagavaty Árya Tārā mūlakalpa.
  »   XXI   3 Origine des noms des divinités, parmi les-
                  quelles Tārā.

On trouve dans le Tandjour, Rgyud I, 9 un Tārāmahāyogatantra.

La source la plus féconde en renseignements sur le grand développement que prit le culte de Tārā est l'*Histoire du Buddhisme
aux Indes* de Tāranātha. Le culte de cette divinité devait avoir
conservé une importance particulière pour que l'auteur de l'*Histoire
du Buddhisme* nous rapporte une quantité relativement considérable de renseignements au sujet de Tārā; elle avait parmi les
plus notables âcāryas de l'Inde des sectateurs fervents.

La popularité de Tārā au Tibet se constate dès une époque
assez ancienne : Les Tibétains ont identifié Tārā avec les deux
femmes du roi Srong-Tsan-Gampo, l'introducteur du buddhisme
en ce pays (septième siècle ap. J. C.)[1]. Les deux épouses royales
étaient, en tibétain : Dolkar (pron. Dö-Kar') et Dol-jang (pron. Dö-
jang ou Dö-ngön), la Tārā blanche et la Tārā verte. Elles portent
aussi l'une et l'autre le nom de S'grolma (pron. 'Döma'). L'une
était princesse népalaise[2], l'autre princesse chinoise[3]; ces deux
princesses personnifient donc deux influences buddhiques aussi
intenses l'une que l'autre.

L'histoire de la Tārā tibétaine, ou des Tārās tibétaines, car leur
nombre finit par devenir considérable, échappe à nos moyens
actuels d'investigation ; il faudrait entreprendre l'examen de documents littéraires bien peu accessibles encore. Klaproth[4] donne en
allemand un hymne à la verte Darrah ou Rogon-Darrki, hymne peu
caractéristique. M. Waddell[5] a étudié ce sujet spécialement et a
publié la traduction anglaise d'hymnes extraits du manuel d'adoration à Tārā, hymnes assez semblables à ceux que nous tradui-
sons. Il y a joint la liste d'un certain nombre de Tārās, sans donner
malheureusement ses sources.

---

1. Voir Schlagintweit. *Buddhisme au Tibet*, 40-42, Waddel, *J. R.
A. S.*, janvier 1894.

2. Nommée Vajrabhrūkuṭi ou Bribsun fille du roi Prabhāvarman ou Am-
çuvarman, 630-640 ap. J. C.

3. Fille de l'empereur Tai-Tsung, elle épousa le roi en 630 après J. C.
V. Gaur Dás Bysack. *J. A. S.*, vol. LIX, p. 53.

4. *Reise in den Caucasus und nach Georgien*, v. I, p. 213-215.

5. *J. R. A. S.*, janvier 1894.

La Chine fournit aussi à nos recherches son contingent de renseignements et de documents.

Hiouen-Tsang mentionne Tārā à deux reprises :

« Au couvent[1] Tiladhaka (dans le Magadha), dans le vihāra du milieu, il y a une statue droite du Buddha haute de trente pieds. A gauche s'élève la statue de To-lo-pou-sa (Tārābodhisattva) et à droite celle de Kouan-tseu-thsaï-pou-sa (Avalokiteçvarabodhisattva). Ces trois statues sont en laiton fondu, leur aspect divin inspire une crainte respectueuse et les effets de leur puissance se répandent secrètement au loin[2]. »

Puis dans la description du royaume de Vaiçālī[3] :

« A deux ou trois lis au nord de la statue en cuivre du Buddha exécutée par le roi Mouan-Tscheou (Poūrṇavarma) on voit au milieu d'un vihāra en briques la statue de To-lo-pou-sa (Tārābodhisattva). Elle est d'une grande hauteur et douée de pénétration divine. Le premier jour de chaque année on lui fait de riches offrandes. Les rois, les ministres et les hommes puissants des royaumes voisins présentent des fleurs d'un parfum exquis en tenant des étendards et des parasols ornés de pierres précieuses. Les instruments de métal et de pierre résonnent tour à tour, les guitares et les flûtes unissent leurs sons harmonieux. Ces assemblées religieuses durent pendant sept jours[4]. »

Il est fait mention aussi de Tārā dans le livre : *Les pays du Buddha*, chapitre IV, description de toute l'Inde et route pour y aller. L'auteur Tao-Suen, le fondateur de l'École du Vinaya en Chine (650 ap. J. C.) mentionne dans le royaume de Tsaukūṭa près du Strīrājya, par conséquent dans l'Asie centrale, un stūpa de Tārā.

Grâce à l'obligeance de M. Édouard Specht qui m'en a signalé l'existence, je puis constater la présence dans le *Tripiṭaka* chinois de deux textes relatifs à Tārā :

Le premier donne une transcription en caractères chinois d'un texte sanscrit : *Les cent huit noms de la Sainte Tārā*.

Quoique ce titre nous permit d'espérer trouver la transcription du texte que nous donnons plus loin en sanscrit, il a fallu renoncer à cette identification, car nous nous trouvons en présence de dhāraṇīs sans caractère propre. Le texte commence ainsi :

---

1. St. Julien, v. II, p. 439-440.
2. C'est à M. Specht que je dois la connaissance de ces deux passages avec leur portée précise, qui a échappé à Stanislas Julien.
3. St. Julien, v. III, p. 40 et suiv.
4. St. Julien, v. III, p. 50-51.

Ôm, trailokye, vijaye, arthaṃjaye, ariṃghate, jaye, ajaye, vijaye, mahājaye, vijaye, jaye, jaye, hi hi.... etc.[1].

Les qualificatifs sont donnés en transcription et le texte sous forme de sûtra est donné en traduction chinoise. Le bodhisattva Avalokita est un des interlocuteurs, comme dans le texte sanscrit.

Le second texte donne aussi une transcription en caractères chinois d'un texte sanscrit, ayant pour titre : Chan-to-lo-pou-sa-fan-tsan équivalant au sanscrit: Ārya tārā bodhisattva saṃskṛta stotra, soit: *Éloge en sanscrit de la sainte Tārā bodhisattva*[2].

Le nombre des indications fournies par le buddhisme chinois donne le droit de penser que le buddhisme japonais a conservé aussi un souvenir plus ou moins vivace de Tārā. Malgré les efforts que nous avons tentés dans cette direction, à cause peut-être de l'insuffisance des moyens d'investigation dont nous disposions, il ne nous a pas été donné de suivre Tārā jusqu'au Japon.

M. Horiu Toki, d'après des notes prises dans les documents japonais du Musée Guimet, a pu nous signaler le nom de Ārya Tārā bodhisattva passé au Japon, sous la forme de Ro-tara-ni-bi. « Elle est comme le bateau qui fait traverser à l'homme l'Océan, et lui procure la liberté (d'après le Yoga-ki). »

Le buddhisme du sud n'accorde point de place aux énergies féminines des Buddhas (*çaktis*), aussi Tārā est-elle restée étrangère à la littérature sacrée de Ceylan[3].

---

1. Voir *Ta Ts'ang King*, boîte 27, cahier 11, de l'exemplaire de la Société asiatique.

2. *Ta Ts'ang King*, b. 27, c. 13.

3. BARTH. *Bulletin des religions de l'Inde*, 1889, II part. p. 5.

II

DOCUMENTS ÉPIGRAPHIQUES

Les documents épigraphiques seraient les fondements historiques les plus sûrs pour assigner des dates précises aux phases du culte de Tārā aux Indes. D'après les légendes il y a eu une quantité de temples et de collèges consacrés à ce culte. Tāranātha mentionne des fondations de ce genre extrêmement nombreuses. Un examen détaillé des ruines buddhiques de l'Inde permettra peut-être de trouver plus de vestiges que nous n'avons pu le faire en nous aidant de ce qui a été publié jusqu'à présent.

Un document précieux, le plus ancien en date, se trouve dans l'île de Java. M. Brandes l'a publié tout au long, texte et traduction, sous le titre : *Een nāgarī opschrift gevonden tusschen Kalasan en Prambanan*[1].

Le texte mutilé au début est de douze strophes en vers, soit vasantatilaka, soit āryā ; je donne ici la traduction complète du texte, plus le texte de l'invocation initiale à Tārā :

« Hommage à la bienheureuse Ārya Tārā.

(1) Elle qui délivre directement de cet état infini de malheur... ce qui concerne la nature de ce qui est terrestre et de ce qui est invisible... l'essence du salut du monde inférieur, des dieux et des hommes... seule Tārā.

Namo bhagavatyāy āryatārāyai ‖ yā tārayaty amitaduḥkhabhavāt tiryag na | lokavilokyavidhiva... rupāyaḥ ‖ sāraḥ surendranāralokavibhūtisāraṃ | tārādi... bhimataṃ jagad ekatārā.

(2) Car les gurus du prince Çailendra ont fait construire un temple majestueux à Tārā. (3) Sur l'ordre des gurus une déesse a été fabriquée par les reconnaissants, et aussi un temple pour elle et aussi un lieu de séjour pour les nobles moines qui connaissent le Mahāyāna de la doctrine du Vinaya. (4) Sous la surveillance des Ādeçaçāstrin du prince, nommés le Pañkura, le Tawāna, le Tīripa[2],

---

1. Voir : *Tijdschrift von indische Taal-Land-en-Volkerkunde.* (Batavia, 1886.)

2. Fonctionnaires dont on ignore le rôle précis.

a été construit ce temple de Tārā et aussi un lieu de séjour pour
les nobles moines (5) dans le royaume florissant du prince qui est
l'ornement de la dynastie des Çailendras, (d'après les désirs) des
gurus de ce prince des Çailendras auxquels il est satisfait de
cette façon : un temple à Tārā a été élevé (6) après que sept siècles
se sont écoulés dans l'ère du prince des Çakas ; le prince, pour
honorer ses gurus, à la suite d'un vœu, a construit un temple à
Tārā. (7) Le domaine du village, nommé Kālasa, est donné à
l'assemblée en présence du Pañkura, du Tawāna, du Tiripa et des
notables chefs du village. (8) Ce don, à la façon bhura, donné à
l'église par le prince, ne peut pas être aboli par les princes de la
race Çailendra, mais doit être indéfiniment respecté (9) aussi par
les Pañkuras, les Tawānas, et les Tiripas et leurs respectables
femmes (10) et le roi demande aussi à tous les princes qui régneront plus tard, ceci, qu'il exige : « Puisse cette digue du droit qui
est commun à tous, de tout temps être protégée par vous. »
(11) Puissent en suite de cette sainte fondation tous les gens
avoir connaissance des vibhāgas et des prescriptions du Tribhavā (?).
(12) Sa majesté fait un vœu kariyāna, elle prie les princes qui
régneront ici plus tard de protéger de plus en plus cette fondation,
toujours. »

Dans cette inscription, rien qui soit très personnel à Tārā et qui
se rapproche de nos hymnes, d'autant plus que la première strophe
est particulièrement mutilée. Néanmoins, il est important à
constater que Tārā a pénétré en même temps que le buddhisme à
Java où son culte, comme partout ailleurs, est attaché à la tradition du Mahāyāna.

La date de l'inscription, donnée dans l'ère Çaka, correspond à
779 ap. J. C. (un siècle après Sarvajñamitra).

Un des documents les plus importants a été publié par M. Fleet[1] ;
Elliot en avait donné une transcription[2]. C'est une inscription
trouvée sur une tablette de pierre, près d'un temple jaina, dans le
fort de Dambal. Les emblèmes figurés sur la pierre sont décrits
au chapitre suivant[3]. Le texte est édité d'après un estampage
de M. H. Cousens. Le texte est en écriture vieux canarais, déli-
catement gravé et parfaitement conservé. Autour du sommet
de la tablette deux longues lignes de même écriture contiennent

---

1. *Indian Antiquary*, v. X, p. 185. Je cite presque textuellement cet
article.
2. ELLIOT, *Mss. collection*, vol. I, p. 356.
3. V. *inf.*, p. 9.

trois vers sanscrits. L'inscription est du temps du roi Cālukya Tribhuvanamalla ou Vikramāditya VI, elle est datée du Juva saṃvatsara, la dix-neuvième année du Cālukya-Vikramavarṣa, ère qui fut fondée par ce prince et qui part de son avènement en l'année çaka 1017, soit 1095-6 ap. J. C. L'inscription donne le nom de la reine Lakṣmādevī, qui gouvernait la région nommée « les dix-huit agrahāras » et la ville de Dharmapura ou Dharmavolal, la ville de la religion, qui est certainement Daṃbal même. Il y avait alors à Daṃbal un vihāra buddhique construit par les seize seṭṭhis (Çreṣṭhin, marchands) de l'endroit, et un vihāra de Tārādevī construit par le seṭṭhi Saṃgavaya de Lokkiguṇḍi, tandis que cette ville était jaina et que ces marchands appartenaient à la secte Vīrabalañjā, qui plus tard adopta le culte lingaïte de Basava[1] : une preuve de plus de la profonde influence que tous ces cultes hindous parallèles exerçaient les uns sur les autres.

Voici les passages de l'inscription qui sont spécialement relatifs à Tārā.

(l. 1) « Hommage à Buddha, hommage à toi, ô sainte Tārā, qui apaises la crainte des lions, des éléphants, du feu, des serpents à chaperon, des voleurs, des chaînes, de l'eau, de l'océan. — Toi qui es revêtue d'une splendeur semblable à celle des rayons de la lune. Qu'elle donne toujours sa bénédiction, cette Tārā qui apaise la misère de l'affliction de l'existence, qui sortit du barattement de l'océan du savoir nommé Prajñā ; elle qui donne la puissance au Buddha, qui est l'incarnation suprême de la parfaite sagesse dans les trois mondes, qui demeure dans le cœur du Tathāgata de même que le disque de la pleine lune dans le ciel.

(l. 19) Hommage à la déesse, la sainte Tārādevī et au dieu Buddha. (Qu'on donne) un mattar de terrain de jardin en concession, à la façon sarvanamasya, dans le domaine Ponnakuruva, à l'est du village, et un aruvana et trois gadyanas d'or à percevoir chaque année comme taxe, dont on profitera avec jouissance pour l'entretien convenable du culte, pour l'approvisionnement de parfums, fleurs, encens, lampes et guirlandes, et pour l'offrande perpétuelle et autres choses, — pour l'entretien du pūjāri, pour fournir de nourriture et de vêtements les religieux mendiants du lieu, et pour subvenir aux frais de restauration. »

Voici la traduction des trois lignes sanscrites qui encadrent l'image :

« ... Tārā puisse-t-elle, elle qui se préoccupe avec anxiété de

___

1. Voir WILSON, *Religious sects of the Hindus*, p. 225 sqq.

témoigner sa tendresse, préserver les hommes que tourmente la crainte de l'eau, des rois, des masses, du feu, du vent, elle qui ôte la crainte des audacieux, des océans, des éléphants, des lions..., qui accorde sans délai les récompenses désirées! Que Saṃgama nous préserve toujours! »

L'épigraphie de Tārā est étroitement apparentée à sa littérature; elle est dans l'une et dans l'autre la sauveuse par excellence, celle qui prend soin d'écarter de ses adeptes les craintes et les supplices; elle occupe une place prépondérante à côté du Buddha qui lui doit sa sagesse, et dont elle est le principal ornement. Les vers sanscrits de l'inscription sont presque des citations de nos stotras, ou du moins ils les reflètent indirectement par l'intermédiaire d'une tradition précise et fidèle.

Une inscription buddhique de Çrāvastī (Oudh), plus récente encore que celle de Daṃbal puisqu'elle date de l'an 1219 ap. J. C., contient une mention de Tārā qui suffit à prouver la persistance vivace de son culte[1].

La déesse est adorée en ces termes :

(l. 2) Saṃsārāmbhodhitārāya tārām uttāralocanām | vandē girvvāṇavāṇīnāṃ Bhāratīm adhidevatām. ||

« Pour traverser l'océan des existences, j'adore la sauveuse Bhārati, Tārā, qui a des yeux dont saillent les pupilles, la déesse souveraine des paroles des dieux. »

Tārā est encore celle qui fait traverser et son nom conserve ici toute sa puissance étymologique.

1. *Indian Antiquary*, vol. XVII. p. 62.

III

LES IMAGES DE TĀRĀ

Les images de Tārā, identifiées jusqu'ici, sont peu nombreuses. Une enquête diligente permettra sans aucun doute d'en reconnaître bien davantage, même dans les monuments déjà explorés, et particulièrement (au témoignage de M. Waddell) dans le pays de Magadha.

Près d'un temple Jaina, dans le fort de Dambal[1], sur une tablette de pierre, outre l'inscription mentionnée plus haut se trouve une figure représentant Tārā, assise à l'intérieur d'une châsse, regardant devant elle, tenant dans sa main gauche un nymphéa épanoui et dans sa main droite un objet difficile à identifier. A la droite de la divinité, une vache et un veau, le soleil au-dessus d'eux; à gauche, une figure debout, les mains jointes sur le visage, en,adoration, un nénuphar à huit pétales sur les mains, deux candélabres à mèches allumées derrière elle, et la lune au-dessus. L'image, en somme, ne présente pas de traits caractéristiques.

A Buddha Gayā[2], sur l'emplacement d'un temple voué à Tārā, on a trouvé une figure sculptée que Rājendralāla Mitra dit être Padmapāṇi, et qui ensuite passa pour une Tārā, lorsque le temple fut consacré au culte de cette divinité. Buchanan Hamilton[3] est d'accord pour constater que ce n'est pas du tout une image originale de Tārā, mais un personnage masculin.

A Ellora, Burgess[4] a constaté la présence d'une statue de Tārā, avec un lotus, au-dessous d'une niche.

Tāranātha[5] parle d'une statue d'elle, élevée par Vinītasena dans un temple, qui fut transportée à Devagiri par crainte des dégâts que commettaient les Turuṣkas.

---

1. V. Fleet. *Indian Antiquary*, v. X, p. 185.
2. *Buddha Gayā*, par Rājendralāla Mitra. 1878, pl. XX, fig. 1.
3. Même ouvrage, p. 60.
4. Burgess. *Ellora Cave Temples*, cave XII.
5. Tār., p. 160.

Il semble que les diverses Tārās se distinguaient par la couleur. Chacune d'elles portait les couleurs de son Buddha respectif [1].

Buddha :	Tārā :	Couleur :
Akṣobhya	Locanā	bleu
Ratnasaṃbhava	Māmakī ou Māmukī	jaune ou or
Vairocana	Vajradhātvīçvarī	blanc
Amitābha	Pāṇḍarā ou Pāṇḍurā	rose, rouge
Amoghasiddha	Tārā [2]	vert

La position des mains varie aussi de l'une à l'autre.

Le Népal, le Tibet et la Mongolie sont d'accord sur la répartition de ces couleurs, c'est surtout dans ces pays que les images des Dhyānibuddhas et de leurs Tārās ont été les plus nombreuses et les plus spécialement révérées.

Au Tibet [3], comme nous l'avons vu, on connaît deux Tārās : Dolkar et Doljang. On les représente toutes deux dans la même attitude; le pied droit pendant devant le trône, la main droite tenant le lotus bleu. Leur teint est différent: Dolkar est blanche, Doljang est verte. Elles sont censées créées par le rayon bleu qui sortait de l'œil gauche d'Amitābha s'incarnant en elles [4]. Certaines représentations de Doljang montrent cet œil de sagesse dessiné dans la paume de ses mains et sous la plante de ses pieds; ces marques ont même une ressemblance surprenante avec les stigmates chrétiens [5]. Le Musée Guimet [6] possède une statuette de bronze représentant Doljang ou Dolkar assise sur un lotus, la jambe droite pendante, coiffée d'une couronne.

La Tārā japonaise tiendrait de très près à la Tārā tibétaine d'après le témoignage de M. Horiu Toki, fondée sur le Yoga-ghi-Ki. Elle serait verte mêlée de blanc, née des yeux de Kouan-in, elle se nomme aussi Fou-ghen, et fait partie du groupe de Kouan-in.

En somme, à en juger sur ces indications trop rares, rien n'a distingué Tārā, au point de vue artistique, de bien d'autres figures

---

1. Voir WRIGHT, *History of Nepal*, plate V, p. 28. KERN, *Buddhismus*, vol. II, p. 215-16. HODGSON, *J. R. A. S.*, old s., v. II, p. 319 et suiv.

2. Voir le manuscrit add. 1476 (Dhāraṇis) du catalogue de CECIL BENDALL, qui contient p. 22 b. une Tārā dont la tête et les membres sont verts. Cette miniature fort belle est du XVIIe siècle.

3. SCHLAGINTWEIT. *Le Buddhisme au Thibet*, p. 42.

4. SCHLAGINTWEIT, p. 54.

5. SCHLAGINTWEIT, p. 138.

6. Salle 2, vitrine 13, partie verticale, second rang (catal. p. 55).

féminines que l'art hindou a produites ; de même que la littérature l'a habillée non seulement de toutes les épithètes buddhiques en vogue, mais encore des qualités et attributs chers au panthéon brahmanique, de même il est difficile de croire qu'une forme extérieure bien arrêtée ait jamais été consacrée à Tārā.

Dans le *Sragdharā Stotra*, quoiqu'au point de vue de la charité Tārā ne varie jamais, son apparence néanmoins revêt les aspects les plus divers ; on la voit les pieds illuminés de l'éblouissement de ceux qui l'adorent[1], dorée comme le soleil levant[2], courbant sous son poids les têtes d'Indra, Rudra et Brahmā, se tenir dans l'attitude de l'ālīḍha qui est une de celles du tireur d'arc, la jambe droite en avant, la gauche repliée[3] ; ou bien, emportée de colère[4] elle est revêtue d'armes étincelantes et des serpents affreux lui enserrent les bras, analogue à Kālī[5] ; ou bien, plus calme[6], tous les personnages célestes et terrestres lui offrent leurs hommages et, conclut Sarvajñamitra, « la déesse pareille au cristal qui reflète tout ce qui l'entoure, à sa fantaisie se pare de la pourpre du soleil levant, plus rouge que la laque, d'une couleur sombre plus sombre que le saphir ou la feuille écrasée du lotus, d'un blanc plus blanc que le lait baratté de l'océan[7] ».

Cette énumération de couleurs, d'accord avec les couleurs des Buddhas et des Tārās données plus haut pourrait n'être pas fantaisiste et tenir de la tradition ; le bleu, le blanc, le rouge y sont, manqueraient le jaune et le vert pour que la concordance fût complète, et encore le vert on le trouve à côté du bleu-saphir dans la poussière de la feuille du lotus, et l'or ou jaune est tout naturellement impliqué dans la comparaison avec le soleil.

Dans la liste des *Cent huit noms d'Arya Tārā* comme dans toutes les énumérations de ce genre, Tārā[8] a mille bras, mille yeux, elle a le visage sombre et revêt toutes les formes[9]. Avec l'éclat du feu, elle a de grands yeux[10], porte toutes les armes, s'orne de crânes[11]... etc.

---

1. *Srag.*, vers 1.
2. *Srag.*, v. 5.
3. *Srag.*, v. 30.
4. *Srag.*, v. 31.
5. Comp. BUCHANAN HAMILTON. *Tantra Sāra. Transact. R. As. S.*, I, 45.
6. *Srag.*, v. 32.
7. *Srag.*, v. 33.
8. *108 noms*, v. 26.
9. *108 noms*, v. 28.
10. *108 noms*, v. 34.
11. *108 noms*, v. 37.

Évidemment, ce qui ressort le plus clairement de nos hymnes, c'est le privilège qu'a Tārā de revêtir à son gré la forme extérieure qui lui convient, et n'est-ce pas là le privilège indispensable au rôle de charité universelle qu'elle joue[1]? Elle est la *très bonne*. Elle paraît à l'upâsaka Çāntivarman sous la forme d'une vieille femme pour lui faire traverser un fleuve[2]: elle se dépouille de ses joyaux en faveur d'une pauvre vieille lorsque Candragomin[3] adresse une prière à l'image qui la représente et depuis lors la peinture resta sans bijoux.

1. Voir : *Naipālīyadevatākalyāṇapañcaviṃçatikā*, v. 1 (WILSON, Works, vol. II).
2. TĀR., p. 142.
3. TĀR., p. 157.

IV

LE RÔLE DE TĀRĀ DANS TĀRANĀTHA

Tāranātha, nous l'avons dit, nous fournit dans son *Histoire du Buddhisme*, les noms et l'histoire d'une série de fidèles de Tārā. Il faut les reprendre un à un pour suivre, d'après un ordre aussi chronologique que possible, le développement de ce culte au travers des cinquième, sixième, septième et huitième siècles de notre ère.

Le premier personnage en date qui soit mentionné est l'ācārya Kāla[1] dont la personnalité est bien difficile à identifier au milieu du grand nombre de noms qui lui sont donnés[2] : Kāla, Mātṛceṭa[3], Pitṛceṭa, Açvaghoṣa, Durdharṣa, Durdharṣakāla, Dhārmika, Subhūti, Maticitra, Çūra.

Tāranātha place la vie de Kāla sous les règnes de Bindusāra[4] fils de Candragupta et de Çrī Candra son successeur[5]. Kāla sacra roi Candanapāla et convertit le roi Kanika (?)[6].

Kāla[7] ou Mātṛceṭa, car c'est sous ces deux noms qu'il semble le plus connu, est petit-fils d'un marchand de la ville de Khorta qui avait dix filles fidèles à la loi du Buddha ; la dernière épousa un brahmane nommé Saṃghaguhya qui devint père de Kāla[8]. Kāla devint fort savant dans la connaissance des Vedas et des Vedāṅgas, il étudia ensuite les Tantras et les Mantras et devint un adversaire actif du buddhisme. Sa mère, restée attachée à la

---

1. Tār., p. 89.
2. Tār., p. 90 et Kern. *Buddhismus*, VII, 464.
3. I-Tsing nous donne la transcription chinoise de ce nom : Mot'ch'a-li-tchi-tch'a dans le chap. xxxv de l'*Histoire de la loi intérieure envoyée de la mer du Sud*. Voir Ryauon Fujishima. *J. As.*, 1889, 2 chap. d'I-Tsing.
4. Tār., p. 88.
5. Tār., p. 89.
6. Tār., p. 92.
7. Tār., p. 90.
8. D'ap. I-Tsing, *loc. cit.* Kāla reṇṇit d'un rossignol qui avait entendu le Buddha.

religion, l'envoya à Nālanda dans la persuasion qu'il s'y convertirait. Effectivement, arrivé dans le Magadha[1] il devint sthavira, apprit le Tripiṭaka et vit en songe[2] apparaître la vénérable Tārā qui l'invita à composer en l'honneur du Buddha toutes sortes de chants de louanges afin de se laver des péchés commis contre la religion. Il composa alors une centaine d'hymnes à Buddha et l'hymne en cent cinquante çlokas[3] qu'admirèrent Asaṅga et Vasubandhu et qu'on trouve dans le Tanjour attribué à Vāgbhaṭa, fils de Saṃghagupta[4] ; un nom de plus à ajouter à la liste de ceux de Kāla[5].

C'est lui peut-être aussi qui, sous le nom de Kṛṣṇa (le noir comme Kāla), aurait consacré Rāhulabhadra[6] son contemporain, l'un des fondateurs[7] du système naissant du Mahāyāna auquel se rattache déjà Kāla, avec un autre initiateur: Āryadeva, élève de Nāgārjuna[8].

L'ācārya Rāhulabhadra[9], contemporain de Kāla, plus jeune cependant que lui, est élève d'Āryadeva. Il vint à Nālanda lors du sacre de Candanapāla et fut lui-même alors consacré par Kāla[10] ou plus exactement Kṛṣṇa. Rāhulabhadra étudia les sūtras et les tantras du Mahāyāna et propagea la doctrine Mādhyamika[11]. Il succéda dans Nālanda à son maître Āryadeva[12]. Sa vie, nous dit Tāranātha, était racontée dans un ouvrage intitulé : *Biographie de Tārā*[13]. De cette mention, il semble logique de conclure que Rāhulabhadra a été spécialement lié au développement du culte de Tārā.

---

1. Nālanda, d'ap. Hiouen Tsang, a été fondé par Çakrāditya, *Vie de H. T.*, p. 149.

2. TĀR., p. 91.

3. *Çatapañcāçatika nāma Stotra*, v. Tanjour. b. 1.

4. TĀR., p. 311.

5. Kāla mourut avant d'avoir achevé la rédaction du *Livre des dix-fois-dix naissances* qui en resta à la trente-quatrième naissance, et qui serait contenu, d'après Schiefner, dans le Tanjour, sous le nom du *Buddhacaritamahākāvya* d'Açvaghoṣa (chin. : Ma-ming). Si c'est exact, Açvaghoṣa ou notre Kāla serait le même dont parle la biographie chinoise de Vasubandhu, qui fut appelé au Kasmir pour écrire la Vibhāṣā, et qui fut enlevé du Magadha par le roi des Yue-Tchis. WASSILIEF. *Buddhismus*, p. 75.

6. TĀR., p. 66.

7. WASSILIEF, p. 219.

8. WASSILIEF, p. 34.

9. TĀR., p. 93.

10. TĀR., p. 66.

11. TĀR., p. 67.

12. WASSILIEF, p. 221.

13. TĀR., p. 93.

Avant de mourir Āryadeva[1] transmit à son élève, à Raṅganātha
près de Kāñci « le grain du sens de l'enseignement »; et c'est sous
le nom de Çrī-Saraha que Rāhulabhadra succéda à son maître
dans l'école mystique[2]. Le roi Çrī Candra embellit Nālanda, alors
que Rāhulabhadra y enseignait, de quatorze écoles et de quatorze
promenoirs.

Rāhulabhadra mourut dans le pays Dhiṅkoṭa après avoir vu la
face du Buddha Amitābha. Bhagavat lui prédit qu'il serait dans
un temps à venir le Tathāgata Saptaratnapadmavikramin[3]. Nous
connaissons comme ses élèves sous le roi Buddhapakṣa et sous
son successeur Karmacandra : Rāhulamitra et son disciple Nāga-
mitra, qui tous deux prirent une part active à la propagation du
Mahāyāna; Nāgārjuna, le fondateur de la doctrine Mādhyamika.

Tārā avait aussi ses fidèles parmi les laïcs, témoin un certain
Çāntivarman[4]. Revenant du Potala avec un exemplaire en huit
parties de la *Pañcaviṃçatisāhasrikāprajñāpāramitā* Çāntivarman
fut rencontré par Vimuktasena, neveu de l'ācārya Buddhapālita,
de l'école des Kaurukullakas [5], et contemporain de Vasubandhu.
Çāntivarman[6] avait été envoyé au mont Potala par le roi Çubha-
sāra à la suite d'un songe que ce dernier avait eu. Tārā lui vint en
aide pendant son voyage sous la forme d'une vieille femme diri-
geant une barque pour lui faire traverser un gouffre d'abord, puis
un grand fleuve. Avec le secours de Tārā, Hayagrīva, Ekajāṭī,
Amoghapāça et autres, Çāntivarman réussit enfin dans son voyage,
vit les dieux dans le Potala et revint auprès de Çubhāsāra qui en
souvenir de ces incidents éleva le monastère Karṣāpaṇa vihāra.
On appela Çāntivārman l'homme aux mollets de fer à cause de ses
longs voyages, car il en fit plusieurs autres encore.

Tārā intervient en sa faveur, nous venons de le voir, en lui
faisant traverser les eaux. Nous allons constater bien des fois encore
ce genre d'intervention.

Ravigupta[7] qui mourut ainsi que Vimuktasena à l'époque du roi
Bharṣa, fils de Siṃha, semble se rattacher à un mouvement spécial.
C'était un bhikṣu thaumaturge comme Çāntideva et Sarvajñami-
tra plus tard au Kaśmir, les contemporains aussi des magiciens

---

1. Tār , p. 68.
2. Kern, II, p. 500 Wassilief, p. 218 et suiv.
3. *Lotus*, p. 133.
4. Tār., p. 141.
5. Tār., p. 137-138.
6. Tār., p. 142-143.
7. Tār., p. 147-148.

Dombiheruka et Vajraghaṇṭa, qui ne sont malheureusement connus
que par leur nom[1]. Tāranātha passe sommairement sur Ravigupta, disant que sa biographie est rapportée ailleurs ; cependant
il témoigne que Ravigupta chercha à concilier les doctrines d'Ārya
Nāgārjuna et d'Asaṅga[2]. Il fonda au Kasmir et dans le Magadha
douze écoles et propagea le culte de Tārā qui se trouve, dès lors
au moins, étroitement uni à la thaumaturgie.

Une colombe qui avait entendu Vasubandhu[3] renaquit, dans
le sud du Daṇḍakāraṇya, sous la forme d'un fils de marchand ; ce
fut l'ācārya Sthiramati. A l'âge de sept ans on l'envoya à Vasubandhu, de qui il apprit la sagesse sans peine. Un jour, comme il
avait trouvé une pleine poignée de fèves et pensait à les manger, il estima qu'il ne serait pas convenable de le faire sans
auparavant en offrir à la vénérable Tārā dont il y avait là un
temple. Lorsque l'enfant eut donné à la statue quelques fèves,
celles-ci roulèrent en bas ; il se dit que si la vénérable ne les voulait
pas manger il ne pouvait non plus y goûter. Et comme il lui en
offrait toujours et que celles-ci s'obstinaient à rouler à terre,
l'enfant se prit à pleurer. La divinité lui apparut en face et lui dit :
« Ne pleure pas, je te bénirai. » A ce moment se fit en lui la
lumière, et la statue fut dès lors connue sous le nom de Māṣa Tārā
(la Tārā aux fèves). Sthiramati est un des docteurs formés par
Asaṅga et Vasubandhu[4]. Il commenta les œuvres de Vasubandhu et le Ratnakūṭa[5]. Sthiramati est le maître de Candragomin[6]
et de Guṇamati. D'après Hiouen-Tsang, Sthiramati aurait vécu
dans l'Ouest, dans le royaume de Valabhī[7].

Vinītasena[8], contemporain du précédent et de Candragomin,
nous est très peu connu, Tāranātha nous avertit qu'il n'en a pas
trouvé de biographie détaillée. Élève de Prasena, il vivait au temps
des rois Cala, Pañcamasiṃha, etc., et aurait élevé dans un temple
une image à Ajitanātha. Cette divinité aurait exigé de Vinītasena
qu'il élevât aussi une image à Tārā[9], sa commère dans le salut des
êtres. Vinītasena l'exécuta après avoir convié Candragomin. Détail

1. Tār., p. 170.
2. Cf. Wassilief, p. 227, rem.
3. Tār., p. 129.
4. St. Julien, v. III, p. 164.
5. Kern, v. II, p. 519, et Wassilief, p. 84-85.
6. Tār., p. 150.
7. St. Julien, v. II, p. 46-164.
8. Tār., p. 159.
9. Tār., p. 160.

intéressant, ces deux images, par crainte des Turuṣkas, furent transportées à Devagiri où elles se trouvaient encore du temps de Tāranātha.

Candragomin[1] est le plus illustre personnage de l'époque qui se rattache au culte de Tārā, d'une façon même très intime, car c'est avec Sarvajñamitra celui dont Tāranātha raconte les aventures avec le plus de soin.

Tāranātha mentionne Candragomin parmi les six joyaux du Jambudvīpa[2]. A la naissance de Candragomin, à Varendra, dans l'ouest[3], se rattache une légende étrange, qui donne dès l'abord une couleur mystique à toute l'histoire de l'ācārya : Durant sept ans il ne parle point, et ne prend ensuite la parole que pour défendre la religion contre les attaques d'un maître Tīrthya[4].

Candragomin est élève laïc de l'école d'Asaṅga[5], de Vasubandhu et de Sthiramati[6], leur disciple. Aussi, il a brillé surtout dans le domaine de la grammaire et de la métrique. Il a écrit le *Candravyākaraṇa*, le *Sambhararimçaka*[7], le *Tārāsādhanaçataka*, l'*Avalokiteçvarasādhanaçataka* et beaucoup de çāstras.

Infatigable défenseur de l'idéalisme d'Āryāsaṅga contre Candrakīrti qui suivait la doctrine de Buddhapālita[8] dont on le considérait comme une réincarnation, Candragomin finit probablement par l'emporter après sept ans de lutte, ce que Wassilief conclut du fait que Candragomin resta à Nālanda, tandis que son adversaire s'en alla au sud dans le Konkan[9].

Candragomin est contemporain des rois Siṃha, Bharṣa et de Dharmapāla[10]; il fut consacré par l'ācārya Açoka[11]. Comme il récitait une formule magique, il vit face à face, dans le pays du roi Bharṣa, Ārya Avalokiteçvara et Tārā[12]. Ses succès dans le domaine de la métrique, de l'art et de la grammaire lui valurent la main de

---

1. Minayef a publié une étude sur Candragomin et ses œuvres. V. Bulletin de l'Acad. de Saint-Pétersbourg, v. IV, p. 294, dont on trouvera un résumé dans l'*Indian Antiquary*, octobre 1890, p. 319.

2. TĀR., p. 5.

3. TĀR., p. 148-149.

4. TĀR., p. 150.

5. KERN, v. II, p. 520.

6. TĀR., p. 150.

7. TĀR., p. 156.

8. TĀR., p. 153.

9. WASSILIEF, p. 207-208.

10. TĀR., p. 158.

11. TĀR., p. 150.

12. TĀR., p. 150.

la fille du roi et une terre[1]. Comme une fois la servante de sa femme appelait cette dernière Tārā, l'ācārya trouva peu convenable que sa femme portât le nom d'une divinité protectrice et fut sur le point de se retirer dans un autre pays ; lorsque le roi eut appris la chose, il ordonna que, si l'ācārya ne voulait pas vivre avec sa fille on le mît dans une caisse et on le jetât dans le Gange. L'ordre ayant été exécuté, l'ācārya pria la très haute et très vénérable Tārā et fut poussé sur une île de l'Océan, à l'embouchure du Gange, magiquement créée par la divinité. Cette île reçut ensuite le nom de Candradvīpa, en souvenir de Candragomin. Séjournant dans cette île, l'ācārya érigea des statues de pierre à Avalokiteçvara et à Tārā. Peu après Candragomin alla à Nālanda où commença la lutte entre Candrakīrti et lui. Après que la lutte fut apaisée, grâce à l'intervention merveilleuse des divinités[2], Candragomin, trouvant le çāstra *Samantabhadra* de Candrakīrti de forme plus parfaite que son *Çabdasūtra* qui devenait inutile, jeta son livre dans une source. Alors la vénérable Tārā lui dit : « Puisque tu as écrit cet ouvrage dans le bon but d'être utile aux autres, à l'avenir il sera pour les créatures intelligentes très utile, tandis que celui de Candrakīrti, qui est plein d'orgueil, sera de moindre utilité aux autres. C'est pourquoi retire ton œuvre de l'eau. » A la suite de cette prédiction, Candragomin sauva son ouvrage, et depuis lors quiconque boit de l'eau de cette source obtient une grande sagesse.

Tārā intervint encore plusieurs fois dans la carrière de Candragomin.

Comme il faisait étudier à ses élèves ses nombreux ouvrages sur toutes sortes de sciences : la grammaire, la dialectique, la médecine, la métrique, la mimique, la lexicographie, la poésie, l'astronomie, etc., la déesse lui dit : « Lis le *Daçabhūmika* et le *Candrapradīpa*, le *Gaṇḍālaṃkāra*, le *Laṅkāvatāra* et la *Prajñāpāramitā*, qu'as-tu à t'occuper de métrique et à redresser ce qui est mal et contourné[3] ? »

Une autre fois[4] une femme pauvre et vieille qui avait une fort belle fille et était réduite à mendier, renvoyée par Candrakīrti, s'adresse à Candragomin pour obtenir une aumône. Celui-ci, qui ne possède rien, se met en prière devant une riche peinture repré-

---

1. Tār., p. 150-151.
2. Tār., p. 155.
3. Tār., p. 156.
4. Tār., p. 156-157.

sentant Tārā et l'implore en pleurant; Tārā apparaît elle-même, se
dépouille de ses bijoux et les donne à l'ācārya qui en comble la
vieille femme. Depuis lors l'image resta dépourvue de joyaux.

Une dernière fois enfin, Tārā sauve la vie de son fidèle disciple
à peu près dans les mêmes circonstances que jadis :[1] il allait à
Potala et le nāga Çeṣa voulant venger d'anciens griefs éleva contre
le vaisseau une énorme vague. Une voix crie: « Que Candragomin
soit sauvé. » L'ācārya invoque sa sauveuse qui apparaît revêtue
de ses cinq formes, assise sur Garuḍa dans les régions aériennes..
Les nāgas terrifiés prennent la fuite et le vaisseau atteint sans
encombre Dhanaçrī; là, Candragomin fait une offrande, élève
cent temples à Tārā et cent à Avalokiteçvara. Arrivé à Potala, il y
vit encore sans avoir abandonné son enveloppe terrestre.

Peu après Candragomin, presque son contemporain, il faut citer
l'auteur de notre *Sragdharā stotra*, Sarvajñamitra, comme un des
plus notables adeptes de Tārā ; différents documents nous le font
connaître.

Nous apprenons par Tāranātha qu'il était élève de Guṇaprabha
(mentionné par I-Tsing parmi ses contemporains[2]) et vivait au
Kasmir tandis que régnaient le roi Cala à l'Ouest, et le roi
Pañcamasiṃha, fils de Bharṣa, à l'Est et au Nord jusqu'au Tibet[3].

Tāranātha nous raconte plus loin :

Sarvajñamitra[4], beau-fils d'un roi du Kasmir, fut pendant son
enfance, comme il dormait un jour sur le toit de la maison, enlevé
par un vautour et déposé dans le Madhyadeça sur le faîte du temple
Gandhola. Des pandits recueillirent l'enfant, le ranimèrent. Quand
il fut devenu plus grand il devint très subtil et fut au nombre des
bhikṣus possédant les Piṭakas, à Nālanda. Alors il s'attacha à la
haute et vénérable Tārā, il la vit en réalité et obtint d'inépuisables
richesses.

Sarvajñamitra fit des aumônes de tous ses biens, de sorte qu'il
arriva qu'il n'avait plus rien à donner; il s'en alla de son pays vers
le Sud, afin de n'avoir pas à renvoyer les mains vides les nombreux
mendiants qui ne manqueraient pas de venir. En route il rencontre un brahmane aveugle auquel un petit garçon sert de guide.
Comme il lui demandait où il allait, le brahmane dit qu'à Çrī-Nā-

---

1. Tār., p. 157.

2. Au septième siècle ; cf. *Deux Chapitres extraits des Mémoires
d'I-Tsing*, traduit par RYAUON FUJISHIMA. *J. A.*, 1888 II, p. 435.

3. Tār., p. 158-159.

4. Tār., p. 168.

landa vivait Sarvajñamitra qui donnait satisfaction à tous les quê-
teurs ; c'est auprès de lui qu'il allait. Lorsque Sarvajñamitra lui
eut dit que c'était lui en personne et que précisément il était arrivé
à l'épuisement total de ses richesses, le brahmane fut accablé de
douleur et une grande compassion s'empara de Sarvajñamitra. Ce
dernier avait entendu dire qu'un roi nommé Saraṇa, adonné passion-
nément à des doctrines mauvaises et obéissant à un perfide ācārya,
voulait acheter cent huit hommes pour les sacrifier dans le feu, afin
d'obtenir une force surnaturelle et une grande puissance, et par là
acquérir en partage la délivrance. Le roi avait trouvé cent sept
hommes, il en restait donc un à acheter. L'ācārya pensa à se
vendre lui-même afin de venir en aide au brahmane. Il dit
au brahmane[1] : « Ne t'attriste pas, je vais trouver un expé-
dient et revenir. » Arrivé à la ville, il demanda qui achetait
des hommes ; le roi l'acheta et lui donna comme prix autant d'or
qu'il pesait. Quand Sarvajñamitra eut donné l'or au brahmane
celui-ci s'en alla satisfait, puis Sarvajñamitra fut mis dans la
prison royale. Là, les hommes lui dirent : « Si tu n'étais pas venu
nous aurions peut-être été sauvés, mais maintenant on va nous
brûler, » et ils se laissèrent aller à une profonde tristesse. Le soir,
les cent huit hommes furent placés, liés, sur un bûcher élevé au
sommet d'une montagne. L'ācārya des hérétiques officiait, et lorsque
tout le bûcher s'enflamma en craquant au feu, les cent sept hommes
sanglotèrent bruyamment. Sarvajñamitra, pris de compassion,
implora la vénérable Tārā. Celle-ci apparaissant fit jaillir de sa
main un flot de nectar. Tandis qu'il ne pleuvait pas, là où se
tenait le peuple, des flots de pluie s'abattaient sur l'emplacement
où flambait le bûcher. Lorsque le feu s'éteignit un lac apparut.
Le roi, frappé d'admiration, s'inclina plein de respect devant
l'ācārya, et laissa aller les hommes après leur avoir donné une
récompense. Quoique le roi témoignât beaucoup de respect à
Sarvajñamitra, il ne se tourna cependant pas vers la vraie doctrine
et ne répandit pas la Loi. Quand il se fut écoulé beaucoup de temps,
l'ācārya fut très attristé et pria la vénérable Tārā de le reconduire
dans sa patrie. Elle lui dit de saisir son vêtement et de fermer les
yeux, puis de les rouvrir, et Sarvajñamitra[2] se trouva dans un
endroit qu'il n'avait jamais encore vu, où était un très grand palais
royal. Il demanda à la déesse pourquoi elle l'avait porté là et
non pas à Nālanda ; — celle-ci lui dit que c'était là précisément sa

1. TÁR., p. 169.
2. TÁR., p. 170.

patrie. Sarvajñamitra resta dans cet endroit, éleva un grand temple à Tārā, enseigna très bien la Loi et conduisait tous les êtres au salut. Sarvajñamitra est élève de Ravigupta.

En regard du récit très détaillé de Tāranātha nous pourrions placer l'introduction de la *Sragdharā Ṭīkā* de Jinarakṣita, que nous donnons plus loin avec le texte et qui, chronologiquement, est bien plus proche de Sarvajñamitra que le récit postérieur de Tāranātha. On constatera le peu de différence qui existe entre les deux récits, à part la façon dont intervient Tārā dans le dénouement, et le nom du roi cruel que Jinarakṣita appelle Vajra-mukuṭa tandis que Tāranātha le nomme Saraṇa.

D'autre part, nous trouvons dans la *Rājataraṅgiṇī*[1] la mention suivante :

« Le mendiant religieux Sarvajñamitra s'éleva dans ce couvent » (de Kayya[2]) à la dignité de Jina. »

Or, cet événement se place sous le règne de Lalitāditya[3], suivi de celui de Kuvalayāpīḍa[4], qui ne régna qu'un an ; après lui régna Vajrāditya ou Vappiyaka, ou aussi Lalitāditya[5], roi méchant et de mœurs cruelles[6] : « Il livra, en les vendant, un grand nombre » d'hommes aux Mlecchas et fit régner dans le pays les coutumes » propres aux Mlecchas. » Ces indications coïncideraient avec les grands traits du récit que nous étudions. Entre les noms de Vajramukuṭa du Stotra et Vajrāditya des annales du Kasmir il n'y a que la différence du deuxième élément du nom ; Vajrāditya aurait régné dans le courant du huitième siècle, et Sarvajñamitra, élève de Ravigupta[7] et de Guṇaprabha, se place vers la fin du septième et au commencement du huitième siècle.

Çāntideva se rapproche beaucoup de Sarvajñamitra. L'auteur du *Bodhicaryāvatāra* et celui du *Sragdharā Stotra* sont contemporains. M. de la Vallée-Poussin[8] a déjà signalé la grande analogie

---

1. *Rājataraṅgiṇī*, l. IV, v. 210.
    çrimán kayyavihâro'pi tenaiva vidadhe' dbhutaḥ |
    bhikṣuḥ Sarvajñamitro'bhūt kramad yatra jinopamaḥ ||
2. Ce couvent avait été bâti par le roi de Laṭa nommé Kayya, à une époque où nous voyons le buddhisme fleurir d'une façon très intense, si nous en croyons la *Rājataraṅgiṇī*.
3. *Rājataraṅgiṇī*, l. IV, v. 126.
4. *Rājataraṅgiṇī*, l. IV, v. 372.
5. *Rājataraṅgiṇī*, l. IV, v. 393.
6. *Rājataraṅgiṇī*, l. IV, v. 397.
7. Tār., p. 170. Ravigupta est contemporain de Sukhadeva, élève de Candragomin.
8. *Le Muséon*, 1892, p. 109. Bodhicaryāvatara.

de ces deux productions. Çāntideva n'est pas étranger à Tārā, Tāranātha nous dit de lui, après l'avoir mis au même rang que Candragomin, comme maître accomplissant des miracles[1] : « Il naquit dans le Saurāṣṭra, de famille royale. Dès son enfance, par la vertu de ses mérites, il jouit de la bienveillance de Mañjuçrī ; le dieu personnifiant la sagesse lui apparaissait en songe[2]. »

Devenu grand, la veille du jour où il devait être élevé au rang royal, Çāntideva vit pendant son sommeil Mañjuçrī assis sur le trône qui lui était destiné à lui. « Mon fils, dit le bodhisattva, ceci est mon siège, je suis ton ami spirituel, il n'est par conséquent pas convenable que toi et moi soyons assis sur le même trône. » Après que le bodhisattva eut ainsi parlé, Ārya Tārā revêtant la forme de la mère de Çāntideva l'aspergea du haut en bas d'eau brûlante, Çāntideva demanda ce que cela signifiait, elle dit : « La royauté est l'inépuisable eau bouillante de l'enfer, en l'acceptant, tu te destines à cette eau brûlante. » Çāntideva prit la fuite ce jour même. Après vingt et un jours (de fuite), comme il voulait boire d'une source qui se trouvait dans une forêt, une femme l'en empêcha, lui donna d'autre eau très douce, et le mena auprès d'un ascète, dans une caverne. L'ascète donna à Çāntideva la bonne direction. C'était Mañjuçrī, la femme était Tārā[3].

Çāntideva devint dans la suite ministre de Pañcamasiṃha. Il possédait des vertus magiques extraordinaires et fut ordonné moine par Jayadeva. Il se rattache encore d'autres miracles à son histoire[4], mais ce qui précède suffit à montrer combien l'histoire de Çāntideva, comme celle de Sarvajñamitra, est empreinte de merveilleux et le rattache au même mouvement.

Çāntideva se place donc comme Sarvajñamitra du septième au huitième siècle, un peu plus tard que Jayadeva, élève de Dharmapāla[5].

Bhavabhadra, le sixième des douze tantrācāryas de Vikramaçīla entre Çrīdhara et Bhavyakīrti[6], était très versé dans le système Nyāya. Il fut béni en songe par Cakrasambara et vit la face de Tārā. Il atteignit la siddhi[7]. Les ācāryas de Vikrama-

---

1. Tār., p. 103 et suiv.
2. *Le Muséon*, p. 72-73, et Tār., p. 163.
3. Tār., p. 164.
4. Tār., p. 165, 166, 167.
5. Dharmapala est cité avec Guṇaprabha par I-Tsing entre ses contemporains. Cf. *Deux Chapitres*, etc., *loc. cit.*
6. Tār., p. 5, 6.
7. Tār., p. 258, 259.

çila[1], à part les deux premiers, se succèdent de douze en douze ans ;
le premier, Buddhajñānapāda est contemporain du roi Dharmapāla.
Trente-six ans après lui vient Bhavabhadra, ce qui permet de
le placer à peu près au commencement du huitième siècle[2].

A Vikramaçila se rattache aussi Jinarakṣita, l'auteur d'un des
commentaires du *Sragdharā* (manuscrit C.) mentionné ailleurs.
En effet, le colophon du manuscrit désigne ainsi ce personnage :

« Çrīmadvikramaçīladevamahāvihārīyarājagurupaṇḍitabhikṣu-
çrījinarakṣitakṛtābālārkastutiṭīkā parisamāptā ||

Fin de la glose de l'hymne bālārkā... etc., composée par Jinarakṣita le bhikṣu, savant, guru royal, du grand vihāra de Vikramaçīla. »

Jetāri[3] est un peu mieux connu que Bhavabhadra. C'est le fils
du brahmane buddhiste Garbhapāda et d'une femme que ce dernier
avait reçue du roi Sanātana, régnant dans le Varendra. Il se rattache aussi des miracles à son enfance[4]. Jetāri devint un upāsaka
(laïe) fort versé dans les écritures, les lettres et la métrique. Il
s'aperçoit un jour qu'il a été incrédule, se repent et voit la face de
Tārā qui lui dit que ses péchés seront rachetés s'il compose beaucoup de çāstras du Mahāyāna[5]. Jetāri est l'auteur du *Bodhiprati-
deçanāvṛtti* et du *Sugatamahāvibhaṅgakārikā*[6] (ces deux ouvrages
se trouvent dans le Tanjour) de commentaires: du *Çikṣāsamuc-
caya*, du (*Bodhi*) *Caryāvatāra* (de Çāntideva), de l'*Akāçagar-
bhasūtra* et d'environ une centaine de sūtras. Au temps du roi

---

1. Voici la liste des douze ācāryas de Vikramaçīlā d'ap. TĀR., p. 257-260 :
   Buddhajñānapāda.
   Dipaṃkarabhadra.
   Laṅkājayabhadra.
   Çrīdhāra.
   Bhavabhadra.
   Bhavyakīrti
   Lilāvajra.
   Durjayacaudra.
   Kṛṣṇasamayavajra.
   Tathāgatarakṣita.
   Bodhibbhadra.
   Kamalarakṣita.

2. Tāranātha (p. 225) place la mort de Mahipāla 70 ans après la mort de
Dharmapālā et la fait coïncider avec la mort du roi tibétain Kri-ral, à laquelle les Chinois (*Histoire des Thang*) assignent la date de 797 ap. J.-C.

3. TĀR., p. 230.
4. TĀR., p. 231.
5. TĀR., p. 232.
6. TĀR., p. 327.

Mahāpāla on lui donna une belle résidence à Vṛkṣapurī ; à Vikramaçila, il reçut son diplôme de paṇḍit[1].

Asvabhāva[2], laïc, issu d'une famille de marchands, attaché au Mahāyāna, fit des miracles dans le pays de Kāmarūpa et vint à Hacipura où il expliquait le Nyāya-Madhyamika. On peut le dater du huitième siècle, car il fleurit à la mort de Dharmakīrti, quand Govicandra monte sur le trône[3].

Tārā intervient miraculeusement en faveur d'Asvabhāva. Un serpent éveillé par son passage et celui de ses compagnons en dévore plusieurs, en mord un grand nombre, et ceux qui veulent fuir tombent étourdis par le poison de l'haleine du reptile. Alors le laïc s'adresse à Tārā et compose un hymne. Immédiatement le serpent venimeux ressent de violentes douleurs, rend deux de ses victimes et disparaît. Lorsque ceux qui avaient été dévorés, les blessés et ceux que le poison avait saisis eurent été aspergés d'une eau sur laquelle on avait récité un mantra à Tārā, le poison disparut et les hommes revinrent à la vie[4].

Une autre fois encore, que l'upāsaka était menacé par un serpent, il lui lança une fleur sur laquelle il avait récité un mantra à Tārā. Le serpent vomit beaucoup de perles dites sarvamukti devant l'ācārya et disparut.

Asvabhāva avait le pouvoir, lorsqu'une forêt brûlait, d'éteindre l'incendie par la récitation d'un mantra à Tārā.

Vāgīçvarakīrti[5] est le dernier des personnages mentionnés par Tāranātha qui semble avoir des attaches spéciales avec le culte de Tārā. Il vivait sous le règne du fils aîné du roi Caṇaka, Çreṣṭhapāla. Né à Vāraṇāsī de race kṣatriya, de l'école Mahāsāṃghika[6] il passa dans les ordres. Devenu très savant, dans tous les domaines, il voyait continuellement la face de Tārā et dissipait tous les doutes. Il alla à Nālanda, fut tantriste, et comme ses prédécesseurs accomplit différents actes merveilleux.

Un jour[7] qu'il avait une conversation au sujet de la loi avec le bhikṣu Avadhūti, ce dernier cita l'*Āgama* de Vasubandhu. Par plaisanterie Vāgīçvarakīrti se moqua de Vasubandhu. Le même soir sa langue enfla, et il ne pouvait plus enseigner la doctrine ; il

---

1. Tār., p. 233.
2. Tār., p. 198, 199.
3. Tār., p. 195.
4. Tār., p. 198, 199.
5. Tār., p. 235.
6. Tār., p. 236.
7. Tār., p. 237.

resta ainsi plusieurs mois souffrant. Tārā, interrogée par lui, répondit que son mal venait de ce que par ses paroles il avait blessé (la mémoire de) Vasubandhu, il devait donc composer un hymne en l'honneur de cet illustre personnage. Ainsi fit-il, et la maladie disparut.

Vāgīçvarakīrti resta longtemps à Vikramaçīla, puis alla dans le Népal.

Enfin, dans son quarante-troisième chapitre, où Tāranātha examine les sources du Mantrayāna[1], il conclut :

« Qui pourrait rapporter toutes les histoires des magiciens de l'Āryadeça? Rien qu'à l'époque de Nāgārjuna cinq mille personnes ont obtenu la siddhi grâce aux mantras de Tārā ; mais si l'on considère l'histoire de l'entourage de Dārika[2] et de Kālacārin on verra que leur nombre est incalculable. »

Si nous serrons de près l'étude des ācāryas auxquels le souvenir de Tārā reste attaché, nous constatons que nous nous trouvons en présence d'une suite de personnages qui se rattachent au Mantrayāna de beaucoup plus près qu'au Mahāyāna proprement dit: personnages dont la vie est fortement empreinte d'éléments merveilleux, thaumaturges mystiques, dont la puissance résidait dans la connaissance des formules magiques. Cette école était représentée par quelques noms restés célèbres. La tradition s'était transmise de Kāla et Rāhulabhadra jusqu'aux véritables magiciens Nāropa, Dārika et Dombi, qui marquent l'apogée de ce mouvement.

---

1. Tār., p. 278.

2. Dārika, qui aurait été avant sa vocation religieuse le roi de Çalaputra, parait avoir été un magicien très puissant, contemporain de Heruka, d'origine indoue, eleve de Nāropa dont l'histoire est racontée dans le *Livre des 84 sorciers*. Il usurpa le trône royal dans le pays d'Oḍiviça. Il se rattache à l'école de Lūjipa. Ce dernier est un chef d'école dont l'histoire mystérieuse ouvre le *Livre des 84 sorciers*. (Tār., 127. 249. 315, 319.)

V

TEXTES

Je me suis servi, pour la présente édition du *Sragdharā stotra*, des textes suivants :

1. Manuscrit de la bibliothèque de la Société asiatique : *Sragdharā stotra* (H. 21), en vingt et un feuillets, de sept à huit lignes chacun et de trente-sept vers accompagnés d'un commentaire anonyme. Le manuscrit est en écriture devanagārī du Népal, peu régulière et incorrecte, le texte lui-même est très correct et demande extrêmement peu de modifications (je le nomme A).

2. La bibliothèque de la Société asiatique possède un deuxième texte du *Sragdharā stotra* dans un volumineux manuscrit qui porte pour titre : *Stotras et dhāraṇīs*[1] (H. 14) et compte cent cinquante-six feuillets de six lignes. Le texte du *Sragdharā stotra* se trouve du feuillet quatre-vingt *b*, ligne quatre, au feuillet quatre-vingt-cinq *a*, ligne trois, où est le colophon : ityāryatārābhaṭṭarikāyāḥ sragdharā stotra samāptaṃ. Le texte est incorrect et mal écrit (je le nomme B).

3. Le troisième texte (que je nomme C) dont je disposais est dû à l'amabilité du secrétaire de l'Asiatic Society of Bengal, qui a bien voulu m'envoyer une copie de la *Sragdharāṭīkā* de la Société (cat. de Rājendralāla Mitra, p. 229). Ce manuscrit, de cinquante-neuf feuillets à cinq lignes et cinq cent quatre-vingts çlokas, contient en introduction l'histoire de Sarvajñamitra, puis les trente-sept vers du *Sragdharā stotra* avec le commentaire composé par Jinarakṣita (différent du commentaire anonyme de A).

Le colophon de ce manuscrit nous fournit un renseignement précieux sur la valeur du commentaire.

4. Le quatrième texte qui a servi à établir la présente édition est dû aussi à la Société du Bengale; copie m'en a été également envoyée (Catal. de Rājendralāla Mitra, p. 228). C'est un manus-

---

1. Voir *J. A.*, série IX, tome II, p. 369.

crit de douze feuillets à huit lignes, il contient le texte des vers du *Sragdharā stotra*, plus un colophon.

Parmi les manuscrits sanscrits offerts par Hodgson à l'India Office se trouvent deux *Sragdharā stotra* (2743 *h*, 2743 *l*) dont je dois communication à l'amabilité du docteur Rost[1] :

5. Le manuscrit 2743 *l* est de onze feuillets à cinq lignes, d'écriture incorrecte et souvent fautive. Il paraît n'être qu'un fragment d'un manuscrit plus considérable, car le premier feuillet est numéroté 33 et contient au recto un colophon qui appartenait à un texte du *Sragdharā stotra* précédant immédiatement celui qui reste. Ce colophon ne présente d'autre intérêt que la date: saṃvat 771. (1651) et le nom d'un couvent : Cakravihāra. Les mots difficiles du texte sont expliqués par un synonyme ajouté sur le mot, soit entre les lignes, soit en marge. Le texte du premier feuillet est annoté à l'encre rouge.

6. Le manuscrit 2743 *h* en très bel état contient dix-huit feuillets à cinq lignes. Il est écrit à l'encre d'or sur noir. Il offre de l'intérêt par son colophon qui donne une date nouvelle pour l'histoire du Népal et quelques noms jusqu'ici inconnus[2].

J'ai relevé encore les textes suivants du *Sragdharā stotra*, que je n'ai pas consultés :

7. *Sragdharā stotra Tārābhaṭṭāraka* avec commentaire, de trente-neuf feuillets à cinq lignes, n° 29 du catalogue de Cowell et Eggeling[3], de la Royal Asiatic Society.

8. Dans le n° 30 du même catalogue, intitulé *Stotra saṃgraha : Sragdharā stotra āryatārābhaṭṭārākaya*, dix feuillets.

9. *Sragdharā stotra :* Université de Cambridge, add. 1104[4], vingt-cinq feuillets à six lignes, date du XVIII° siècle.

10. *Sragdharā Stotra*, Cambridge, add. 1362[5], avec commentaire, dix-huit feuilles de huit à onze lignes, daté de 1846.

11. *Sragdharā stuti*. Cambridge, add. 1272[6] avec commentaire, vingt-cinq feuilles, 5 lignes, daté de 1784.

12. Le texte du *Sragdharā stotra* a été imprimé à Calcutta par Jībānanda Vidyāsāgara, sous ce titre : *Sragdharā stotram Sarvajñamitrapādaviracitam*, publié d'une façon tellement in-

---

1. Voir *Catalogue of sanscrit manuscripts*, coll. by HODGSON. Trübner, 1881 (p. 11 : II 24 et 29).

2. *J. A.* Janvier-février 1894, p. 183-4.

3. Journal of R. A. S., new series, t. VIII, p. 23.

4. Cat. CECIL BENDALL, p. 29.

5. Cat. CECIL BENDALL, p. 69.

6. Cat. CECIL BENDALL, p. 35.

correcte qu'on en peut à peine tenir compte. (Je nomme ce texte J.)

Pour l'édition du texte des *Cent huit noms de Tārā* je me suis basé :

1. Sur le manuscrit de la Société asiatique (H. 9) (que je nomme A) :

Āryatārābhaṭṭārikāyānāmāṣṭottaraçataka, comprenant le texte de cinquante-sept vers en huit feuillets de cinq lignes, en écriture devanāgarī du Népal correcte et très lisible. Ce manuscrit ne porte point de date.

La stance que je numérote 10 *b* y fait défaut; le copiste est néanmoins arrivé au nombre voulu de cinquante-sept stances en dédoublant à la fin du manuscrit la strophe cinquante-cinq. J'ai conservé la numérotation de ce manuscrit, le prenant pour type, tout en intercalant sous la rubrique 10 *b* le vers manquant qui est donné par tous les autres textes consultés.

2. La bibliothèque de la Société asiatique possède un deuxième texte des *Cent huit noms de Tārā* (que je nomme B) dans le manuscrit : *Stotras et dhāraṇīs* (H. 14) [1]. Au feuillet 145, ligne 4, commence notre texte complet, à peu près correct, jusqu'au feuillet 148, ligne 3. Le vers 10 *b* s'y trouve.

3. Jībānanda Vidyāsāgara a imprimé les *Cent huit noms de Tārā* dans le même fascicule que le *Sragdharā stotra* sous titre : *Tārāçatanāmāni*. Le texte est un peu moins incorrect que celui du *Sragdharā* (je le nomme C).

J'ai relevé les textes suivants que je n'ai pas consultés personnellement :

4. *Tārā Nāmāṣṭottara-çataka*, Université de Cambridge [2], add. 1549, neuf feuillets, cinq lignes, daté de 1801.

5. *Ārya Tārābhaṭṭārikāyā nāmāṣṭottaraçatakam*, Cambridge [3], add. 1318, moderne.

6. Le manuscrit intitulé *Dhāraṇīs*, Cambridge [4], add. 1476, qui date du XVIIe ou XVIIIe siècle, contient les *Cent huit noms de Tārā* sous titre : *Arya Tārā Dhāraṇī*, du feuillet vingt-deux *b*, au feuillet vingt-neuf.

La figure de Tārā mentionnée ci-dessus se trouve dans ce manuscrit qui, quoique incorrect, est luxueusement décoré de figures et de lettres dorées.

---

1. Voir *J. A.*, série IX, tome II, p. 371.
2. BENDALL, p. 120.
3. BENDALL, p. 45.
4. BENDALL, p. 105-106.

7. Nous trouvons le texte des *Cent huit noms de Tārā* dans le catalogue des manuscrits offerts par Hodgson à l'India Office : add. 1549. *Nāmāṣṭottaraçataka*[1].

Pour établir le texte de l'*Ekaviṃçatistotra*, j'ai disposé des deux textes suivants :

1. *Ekaviṃçatistotram*, man. nº 32 (*Tārāstotram*), quatre feuillets de cinq lignes[2].

2. Page 4 du manuscrit, add. 1551, Cambridge, intitulé *Dhāraṇīs* sous titre : *Bhagavatyāryatārādevyā namaskāraikaviṃçatistotram*[3].

---

1. Voir p. 11, II, nº 16.

2. Voir Cowell et Eggeling. *J. of R. A. S.*, n. s., t. VIII, p. 25, et *Catalogue of sanscrit mss. collected by* Hodgson, p. 7; I, 32.

3. M. le professeur Cowell a bien voulu faire pour moi la collation de ce manuscrit.

VI

INTRODUCTION DU COMMENTAIRE DE JINARAKṢITA

Oṃ namas Tārāyai

Natvāryatārāṃ jagadarthasārāṃ
dharmākarādhyeṣaṇayā samāsāt |
bālārkam atra karomi ṭīkāṃ
sphuṭāṃ ahaṃ çrījinarakṣitaḥ kṛtī ||

prabhūtavidveṣahutāçanāntaḥ-
sphuracchikhādagdhamukhena hanta |
khalu tvayā satsukhadā mameyaṃ
ṭīkā nā dūṣyā tvayi me ñjaliç ca ||

Tatra vṛttau upodghātam ādau prastūyate | iha kāçmīraviṣaye
bodhisatvadeçīyo munīndrapravacanakṛpa*yarāvārīṇā* sāndro ma-
hākaruṇāpraguṇīkṛtahṛdayātmā sarvajñamitro nāma bhikṣur abha-
vat || sa cintāmaṇir ivārthināṃ yathābhilaṣitārthasampādānād dātṛ-
tvena jagati vikhyātaḥ svam arthajātam arthibhyo visṛjya cīvarapā-
travibhavo deçāntaraṃ vrajan vajramukuṭasya rājño viṣayam
āgamat || tatra jarājarjarīkṛtaṃ parityaktaparijanaṃ dvijam ekam
adhvany apaçyat || sa kathāprasaṅgena iva *vir*thayitum api tu
sarvajñamitrasya bhikṣor antikaṃ || ayaṃ svavibhavajātam arthi-
bhyo vibhajya sa bhikṣur deçāntaraṃ gata iti kiṃ na çrutaṃ ityukto
vārddhakamuniḥ suciram abhiniḥçvasyāniççeṣṭa iva muhūrtam
avālīyata || tatas tam evaṃvidhaṃ sakaruṇaṃ çocayantam aham
eva sarvajñamitra iti samāçvāsayann uvāca maivam adhīro bha-
vāhaṃ sarvam abhimataṃ sampādayiṣyāmīty uktvā tam ādāya
vajramukuṭasya nṛpater antikaṃ suvarṇena samīkṛtya svaçarīraṃ
vikrīya tanmūlyaṃ tasmai pradāyāpanīya prasthāpya rājñaḥ purato
vasthitaḥ || tasmiṃç ca samaye tasya rājño yathoktavicitralakṣaṇo-
petapuruṣaikaçatakartitamastako parisnānād abhimataṃ setsyatīty
upadiṣṭaṃ kenāpi tad vākyaṃ mahatā kālena yatnato nviṣya suvar-
ṇasamatulam ekonaçataṃ puruṣāṇāṃ kṛītam āste anenaikena çataṃ

paripūrṇaṃ || ataḥ kartitamastako parisnānaṃ kariṣyāmi *dhāyai* tanmadhyaṃ nayety ādiçati sma || tadādiṣṭabhṛtyena tathaiva saṃpāditaṃ paçcāt tam ekam avalokya sarva eva te vadhyapuruṣāḥ prātar mṛtā vayam ity uccair ākrandantaḥ sākṣānmṛtyubhaya upasthito muṇḍa ity avadan || te bodhisatvenābhihitāḥ || kasmād evam adhīratā pūrvaṃ evam ajñātvaiva kim ātmā krīta iti tata etān atikātarān samāçvāsya mahākaruṇārdrayā dṛçā cāvalokya mātaraṃ vihāya nāsti kaçcid eṣām anyo nistāro ya iti niçcitya sa yatir bhūyasā sarvajñamitro bhagavatīm āryatārāṃ stotum ārabdhavān || tataḥ çlokakatipayam anantaraṃ bhagavatī svayam āgatya yathākartavyam ādiçyānucintitā cādhitiṣṭhaty antarhitā || tataḥ sakalalabdhavaraḥ sarvajñamitraḥ || yuṣmābhiḥ sarvaiḥ prātar yugapad eva snātavyam ity ādiṣṭavān || tataḥ prātar āgatya rājapuruṣais te vadhyāḥ sarastīre nītāḥ || tatas tān abhihitavantaḥ || sarvair asmābhir ekadaiva snātavyaṃ kiṃ bahuvilambenety uktvā sarasi nimagnā bhagavatīprabhāvāt svaṃ svaṃ deçam upajagmuḥ || paçcān muhūrtadvitayānantaraṃ yatnato nviṣṭāḥ santas tair nopalabdhāḥ tanmūlyasuvarṇaṃ ca yathāsvarāçirāçikṛtya sarastīre param ālokitaṃ || tatas te rājapuruṣā bhayavismayākulitamanaso rājānaṃ vijñāpayām āsuḥ || tac chrutvā sa rājā vismayāvarjitamanās tasyaivaikasya vikrītasya bhikṣor ayaṃ prabhāva ity abhidhāya saṃjātādhikataraprasādas tam anviṣyānīya tacchiṣyatām upagata ityādikathā prasiddhaiva noktā || çrīdevyai namaḥ.

VII

TRADUCTION

Hommage à Tārā !

Ayant adoré Ārya Tārā, essence du bien du monde, en recher-
chant le principe de la loi en abrégé, je compose ce clair commentaire sur les vers bālārka, etc., moi, le bon Jinarakṣita. Toi, dont
la bouche brûle des flammes étincelantes que jette le feu de la
haine violente, ne maltraite pas ma glose qui procure le vrai
bonheur ; à toi mon añjali.

Au commencement de ce commentaire, le sujet est indiqué : Ici,
dans le pays de Kasmir, se trouvait celui qui tient lieu d'un bodhisattva, mouillé par l'eau de la compassion de l'enseignement,
l'Indra des munis, celui qui a l'esprit et le cœur rendus supé-
rieurs par une grande miséricorde, et qui a nom Sarvajñamitra,
le bhikṣu ; celui-ci, pareil à une gemme magique par le fait
qu'il procurait aux pauvres tous les objets de leurs désirs, était
célèbre dans le monde par sa générosité. Comme il avait donné
aux pauvres les richesses qu'il avait, et qu'il ne lui restait pour
tout bien que les haillons et l'écuelle, il alla dans un autre pays ; et,
comme il arrivait dans le pays du roi Vajramukuṭa, en chemin, il
rencontra un brahmane cassé par la vieillesse et abandonné des
siens. Tout en conversant, ce brahmane lui dit qu'il allait trouver
le bhikṣu Sarvajñamitra. Celui-ci lui dit : « Ce bhikṣu a distribué
toutes ses richesses et est allé dans un autre pays, ne l'as-tu pas
entendu dire ? » Le vieux religieux ainsi interpellé, ayant soupiré
longuement, resta un instant immobile et stupide. Comme il restait
dans cet état et se lamentait pitoyablement, Sarvajñamitra lui
rendit confiance en lui disant : « C'est moi qui suis Sarvajñamitra,
ne sois pas si faible, je comblerai tous tes désirs. » Il se rendit en
présence du roi Vajramukuta, et ayant pesé son corps, il le vendit
au prix de son pesant d'or et en donna le prix au religieux qu'il
avait amené, puis il le congédia et resta devant le roi. Or, en ce

temps-là, le roi avait entendu cet avis : « Ton projet réussira si tu te baignes sur les têtes coupées d'une centaine d'hommes doués de signes divers tels et tels... » A ce moment même on tenait à la disposition du roi quatre-vingt-dix-neuf hommes achetés leur pesant d'or, qu'on avait cherchés à grand'peine et par cet *un* là, la centaine était rendue complète. « Eh bien, je m'en vais me baigner sur les têtes coupées, qu'on les amène ici devant, » ordonna le roi. Le serviteur qui avait reçu l'ordre l'exécuta ainsi, et regardant ensuite tous ces hommes qui allaient être mis à mort, il les vit criant à haute voix : « Ce matin nous sommes morts ! c'est ce chauve-là qui s'est présenté comme un danger mortel imminent. » Injurié de cette façon, le bodhisattva leur répondit : « Pourquoi un pareil manque de courage, jadis lorsque vous vous êtes vendus, ne le saviez-vous pas ? » Il relevait ces lâches et les regardait d'un œil humide de compassion : « A part la Mère, il n'y a point de salut pour ceux-là. » A cette pensée, Sarvajñamitra se mit à célébrer la vénérable Ārya Tārā. Aussitôt après quelques çlokas, Bhagavatī en personne apparut se tenant au-dessus d'eux, elle réfléchit et enseigna ce qu'il y avait à faire, puis disparut. Ayant ainsi reçu toutes les grâces, Sarvajñamitra leur indiqua : « Il faut que vous tous ensemble le matin vous alliez au bain. » Le matin étant venu, ils furent tous les cent amenés par les gardes royaux sur les bords d'un étang pour être tués, et ils dirent aux gardes : « Il faut que tous en même temps nous nous baignions, pourquoi longtemps tarder ? » Ayant dit cela, ils plongèrent dans l'étang et par la puissance de Bhagavatī, ils furent transportés chacun dans son pays. Au bout d'une minute, les gardes les recherchèrent avec zèle, ils ne furent pas trouvés, mais l'or de leur prix fut trouvé sur le bord de l'eau par tas selon chaque individu. Alors les gardes royaux, ayant l'esprit troublé de stupéfaction et de peur, informèrent le roi. Entendant cela, le roi gagné par la surprise dit : « Ceci est l'effet de la puissance unique de ce bhikṣu qui a été acheté, » et comme l'apaisement dans la foi était né en lui, il fit chercher Sarvajñamitra, et l'ayant fait amener, il devint son élève.

Voilà le commencement de l'histoire ; comme elle est bien connue, nous ne la raconterons pas.

VIII

ĀRYATĀRĀSRAGDHARĀSTOTRA

Om namo bhagavatyai Āryatārāyai.

1. — Bālārkālokatāmrapravarasuraçiraçcārucūḍāmaṇiçrī-
saṃpatsaṃparkarāganāticiraracitālaktakavyaktabhaktī |
bhaktyā pādau tavārye karapuṭamukuṭātopabhugnottamāṅgas
tāriṇy āpaccharaṇyair navanutikusumasragbhir abhyarçayāmi [1] ||

2. — Durlaṅghe duḥkhavahnau vinipatitatanur durbhagaḥ kāṃ-
[diçīkaḥ
kiṃ kiṃ mūḍhaḥ karomīty asakṛd api kṛtārambhavaiyarthya-
[khinnaḥ |
çrutvā bhūyaḥ parebhyaḥ kṣatanayana iva vyomni candrārka-
[lakṣmīm
ālokāçānibaddhaḥ paragatigamanas tvāṃ çraye pāpahantrīṃ ||

3. — Sarvasmin satvamārge nanu tava karuṇā nirviçeṣaṃ
[pravṛttā
tanmadhye tatgraheṇa grahaṇam upagataṃ mādṛçasyāpy ava-
[çyam |
sāmarthyaṃ cādvitīyaṃ sakalajagadaghadhvāntatigmāṃçubimbaṃ
duḥkhīvāhaṃ tathāpi pratapati dhig aho duṣkṛtaṃ durvidagdham ||

---

1. Commentaire du vers 1.
Bālārketyādi he tāriṇi uddhāriṇi ārye pūjye tava bhavatyāḥ pādau ca-
raṇau abhyarcayāmi pūjayāmi kena navanutikusumasragbhir tavāstāṃ nu-
tayaḥ tā eva kusumāni puṣpāṇi teṣāṃ srajo mālāḥ tābhiḥ he āpaccharaṇya
vipaccharaṇya kidṛçau pādau bālaḥ prathama udito yo sāv arkaḥ raviḥ
tasya ālokaḥ uddyotanaṃ tadvat tāmrāḥ lohitāḥ pravarāṇāṃ pradhānānāṃ
surāṇāṃçiraḥsu mūrdhasu cāravo darçanīyāḥ ye cūḍāmaṇayaḥ çikhāratnāni
teṣāṃ yā çrīḥ kāntiḥ tasyā yāsau samṛddhiḥ || tatsaṃparkena tatsaṃyogena
yo sau rāgaḥ rañjanaṃ tena nāticiraṃ svalpakālaṃ racitā digdhā alaktaka-

4. — Dhig dhig māṃ mandabhāgyaṃ divasakararucāpy apra-
[ṇuṇṇāndhakāraṃ
tṛṣyantaṃ kūlakacche himaçakalaçilāçītale haimavatyāḥ |
ratnadvīpapratolyāvipulamaṇiguhāgehagarbho daridraṃ
nāthīkṛtvāpy ānāthaṃ bhagavati bhavatīṃ sarvalokaikadhātrīm ||

5. — Mātāpi stanyahetor viruvati bahuçaḥ khedam āyāti putre
krodhaṃ dhatte pitāpi pratidivasam asatprārthanāsu prayuk-
[taḥ |
tvaṃ tu trailokyavāñchāvipulaphalamahākalpavṛkṣāgravallī
sarvebhyo bhyarcitārthān visṛjasi na ca te vikriyā jātu kācit ||

6. — Yo yaḥ kleçoghavahnijvalitatanur ahaṃ tāraṇī tasya tasye-
tyātmopajñāṃ pratijñāṃ kuru mayi saphalāṃ duḥkhapātālama
[gne |
vardhante yāvad ante paruṣaparibhavāḥ prāṇināṃ duḥkhavegāḥ
samyaksaṃbuddhayāne praṇidhidhṛtadhiyāṃ tāvad evānukampā ||

7. — Ity uccair ūrdhvabāhau nadati nutipadavyājam ākranda-
[nādaṃ
nārhaty anyo py upekṣāṃ janani janayituṃ kiṃ punar yādṛçī
[tvam |
tvattaḥ paçyan pareṣām abhimatavibhavaprārthanāḥ prāptakāmā [1]
dahye sahyena bhūyastaram aratibhuvā saṃtatāntarjvareṇa ||

8. — Pāpī yady asmi kasmāt tvayi mama mahatī vardhate
[bhaktir eṣā
çrutyā smṛtyā ca nāmno py apaharasi haṭhāt pāpam ekā tvam eva |
tyaktavyāpārabhārā nudasi mayi kathaṃ kathyatāṃ tathyakathye [2]
pathyaṃ glāne mariṣyaty api vipulakṛpaḥ kiṃ bhiṣag rorudhīti ||

sva vyaktā sphuṭā bhaktiḥ vicchitir yayos tāu katham arcayāmi bhaktyā
sevayā kīdṛço haṃ karapuṭena hastāñjalinā mukuṭe kirīṭe ya ātopo yogaḥ
tena bhugnam ātamraṃ uttamāṅgaṃ çiro yasya saḥ | 1 |

1. Corr., ms. : ʰkamo.
2. *Tathyakathye* mot nouveau : le commentaire explique : he tathyakathye
he satyavādini.

9. — Māyāmātsaryamānaprabhṛtibhir adhamais tulyakālaṃ
[kramāc ca
svair doṣair vākyamāno maṭhakarabha ivānekasādhāraṇâṃsaḥ |
yuṣmatpādābjapūjāṃ kṣaṇam api na labhe yat tadarthaṃ viçeṣād
eṣā kārpaṇyadīnākṣarapadaracanā syān mamāvandhyakāmā ||

10. — Kalpāntabhrāntavātabhramitajalavalallolakallolahelā-
saṃkṣobhotkṣiptavelātaṭavikaṭacaṭasphoṭamoṭāṭṭahāsāt |
majjadbhir bhinnanaukaiḥ sakaruṇaruditākrandaniṣpandamandaiḥ
svacchandaṃ devi sadyas tvadabhibhūtiparais tīram uttīryāte
[bdheḥ ||

11. — Dhūmabhrāntābhragarbhodbhavagagaṇagṛhotsaṅgariṅgat-
[sphuliṅga-
sphūrjaj jvālākarālajvalanajavaviçadveçmaviçrāntaçayyāḥ |
tvayy ābaddhapraṇamāñjaliputamukuṭā gadgadodgītayācñāḥ
prodyadvidyudvilāsojjvalajaladajavair āpriyante kṣaṇena ||

12. — Dānāṃbhaḥpūryamāṇobhayakaṭakaṭakālambirolambamālā-
huṃkārāhūyamānapratigajajanitadveṣavahner dvipasya |
dantāntottuṅgadolātalatulitatanus tvām anusmṛtya mṛtyuṃ
pratyācaṣṭe prahṛṣṭaḥ pṛthuçikharaçiraḥkoṭikoṭṭopaviṣṭaḥ ||

13. — Prauḍhaprāsaprahāraprahatanaraçiraḥçūlavallyutsavāyāṃ
çūnyāṭavyāṃ karāgragrahavilasadasisphoṭakasphītadarpān |
dasyūn dāsye niyuṅkte sabhṛkuṭikuṭilabhrūkaṭākṣekṣitākṣāṃç
cintālekhany akhinnasphuṭalikhitapadaṃ nāmadhāmaçriyāṃ te ||

14. — Vajrakrūraprahāraprakharaṇakhamukhotkhātamatteblha-
[kumbha-
çcyotatsāndrāsradhautasphuṭavikaṭasaṭāsaṃkaṭaskandhasaṃdhiḥ |
krudhyann āpitsur ārād upari mṛgaripus tīkṣṇadāṃṣṭrotkaṭāsyas
trasyann āvṛtya yāti tvaducitaracitastotradugdhārthavācaḥ ||

15. — Dhūmāvartāndhakārākṛtivikṛtiphaṇisphāraphūtkārapūra-
vyāpāravyāttavaktrasphuradururasanārajjukīnāçapāçaiḥ |
pāpāt saṃbhūya bhūyas tava guṇagaṇanā tatparas tvatparātmā
dhatte mattālimālāvalayakuvalayasragvibhūṣāṃ vibhūtiṃ ||

16.— Bhartṛbhrūbhedabhītodbhaṭakaṭakabhaṭākṛṣṭaduḥçliṣṭakeçaç
cañcadvācāṭaceṭotkaṭaraḷitakaḷugranthipāçopagūḍhaḥ |
kṣuttṛṭkṣāmoṣṭhakaṇṭhas tyajati sa sapadi vyāpadaṃ tāṃ durantāṃ
yo yāyād āryātārācaraṇaçaraṇatāṃ snigdhavandhūjjhito pi ||

17. — Māyānirmāṇakarmakramakṛtavikṛtānekanepathyamithyā-
rūpārambhānurūpapraharaṇakiraṇāḍaṃbaroḍḍāmarāṇi |
tvattantroddhāryamantrasmṛtihṛtaduritasyā vahanty apradhṛṣyaṃ
pretaprotāntratantrīnicayaviracitasrāñji rakṣāṃsi rakṣāṃ |[

18. — Garjajjīmūtamūrtitrimadamadanadībaddhadhārāndhakāre
vidyuddyotāyamānapraharaṇakiraṇe niṣpatadbāṇavarṣe |
ruddhaḥ saṃgrāmakāle prabalabhujabalair vidviṣadbhir dviṣad-
tvaddattotsāhapuṣṭiḥ prasabham arimahīṃ ekavīraḥ pinaṣṭi || [bhis

19. — Pāpācārānubandhoddhatagadavigalatpūtipūyāsravisra-
tvaṅmāṃsāsaktanāḍīmukhakuharagalajjantujagdhakṣatāṅgāḥ |
yuṣmatpādopasevāgadavaraguṭikābhyāsabhaktiprasaktā
jāyante jātarūpapratinidhivapuṣaḥ puṇḍarīkāyatākṣāḥ ||

20. — Viçrāntaṃ çrotrapātre gurubhir upahṛtāṃ yāsya nām·
[nāyaṃ bhaikṣyaṃ[1]
vidvadgoṣṭhīṣu yaç ca çrutadhanavirahān mūkatāṃ abhyupaiti |
sarvālaṃkārabhūṣāvibhāvasamuditaṃ prāpya vāgīçvaratvaṃ
so pi tvadbhaktiçaktyā harati nṛpasabhe vādisiṃhāsanāni ||

21. — Bhūçayyādhūlidhūmrasphuṭitakaṭakaṭikarpaṭotghāṭitāṅgo
yūkāyuṃṣi prapiṃçan parapurapurataḥ karpare tarpaṇārthī |
tvām ārādhyādhyavasyanvarayuvativahaccāmarasmeracārvīm
urviṃ dhatte madāndhadvipadaçanaghanāṃ uddhṛtaikātapatrāṃ ||

22. — Sevākarmāntaçilpāpraṇayavinimayopāyaparyāyakhinnaḥ
prāgjanmopāttapuṇyopacitaçubhaphalaṃ vittaṃ aprāpnuvantaḥ |
daivātikrāmaṇīṃ tvām kṛpaṇajanajanany artham abhyarthyabhūyo
bhūmer nirvāntacāmīkaranikaranidhīn nirddhanā prāpnuvanti ||

____

1. Ms. : yasyāmnāya.

23. — Vṛtticchede vilakṣaḥ kṣatanivasanayā bhāryayā bhaṛt-
[syamāno
dūrād ātmaṃbharitvāt svajanasutasuhṛdbandhubhir varjyamānaḥ |
tvayy āvedya svaduḥkhaṃ turagakhuramukhotkhātasīmnāṃ gṛhā-
iṣṭe svāntaḥpurastrīvalayajhaṇajhaṇājātanidrāprabodhaḥ || [ṇām

24. — Cakraṃdikcakracumbi sphuradurukiraṇā lakṣaṇālaṃkṛtāstṛi
saḍḍanto dantimukhyaḥ çikhigalaruciraçyāmaromā varāçvaḥ |
bhāsvadbhāsvanmayūkho maṇir amalaguṇaḥ koṣabhṛt pūrṇakoṣaḥ
senānīr virasainyo bhavati bhagavati tvatprasādāṃçaleçāt ||

25. — Svacchandaç candanāṃbhaḥsurabhimaṇiçilādattasaṃketa·
kāntākrīḍānurāgād abhinavaracitātithyatathyopacāraḥ | [kāntaḥ
tvadvidyālabdhasiddhir malayamadhuvanaṃ yāti vidyādharendraḥ
khaḍgāṃçuçyāmapīnonnatabhujaparigha prollasatpārihāryaḥ ||

26. — Hārākrāntastanāntāḥ çravaṇakuvalayaspardhamānāyatākṣā
mandārodāraveṇītaruṇaparimalāmoghamādyaddvirephāḥ |
kācīnādānubandhoddhatataracaraṇodāramañjīratūryās
tvannāthaṃ prārthayante smaramadamuditāḥ sādarā devakanyāḥ ||

27. — Ratnacchannāntavāpikanakakamalinīvajrakiñjalkamālāṃ
unmajjatpārijātadrumadhuramadhūddhūtadhūlīvitānām |
vīṇāveṇupravīṇāmarapuraramaṇīdattamādhūryatūryāṃ
kṛtvāyuṣmatsaparyām anubhavati ciraṃ nandanodyānayātrāṃ ||

28. — Karpūrailālavaṅgatvagagarunaladakṣodagandhodakāyāṃ
dāntākandarpadarpotkaṭakucakuharāvartaviçrāntavīcyām |
mandākinyām amandacchaṭasalilasaritkrīḍayā sundarībhiḥ
krīḍanti tvadgatāntaḥkaraṇapariṇatottaptapuṇyaprabhāvāḥ ||

29. — Girvāṇagrāmaṇibhir vinayabharanamanmaulibhir vandi-
[tājñaḥ
svargotsaṅge dhirūḍhaḥ surakariṇi raṇadbhūṣaṇodbhāsitāṅge |
çaçyā dordāmadolāviralavalayitoddāmaromāñcamūrtiḥ
pūtas tvaddṛṣṭipātair avati suramahīṃ hīrabhinnaprakoṣṭhaḥ ||

30. — Cūḍāratnāvataṃsāsanagatasugatavyomalakṣmīvitānaṃ
prodyadbālārkakoṭipaṭutarakiraṇāpūryamānatrilokam |
prauḍhālīḍhaikapadaṃ kramabharavinamadbrahmarudrendra-
[viṣṇu
tvadrūpaṃ bhāvyamānaṃ bhavati bhavabhayocchittaye janma-
[bhājām ||

31. — Paçyanty eke sakopaṃ praharaṇakiraṇodgūrṇadordaṇḍa-
[khaṇḍa-
vyāptavyomāntarālaṃ valayaphaṇiphaṇādāruṇāhāryacaryām |
dviṣṭavyuttrāsihāsoḍḍamaraḍamarukoḍḍāmarāsphālavelā-
vetālottālatālapramadamadamahākelikolāhalogram ||

32. — Kecit tv ekaikaromodgamagatagagaṇābhogabhūbhūtalastha-
svasthabrahmendrarudraprabhṛtinaramarutsiddhagandharvanā-
[gam |
dikcakrākrāmidhāmasthitasugataçatānantanirmāṇacitram
citraṃ trailokyavandyaṃ sthiracararacitāçeṣabhāvasvabhāvam |

33. — Lākṣāsindūrarāgāruṇatarakiraṇādityalauhityam eke
çrīmatsāndrendranīlopaladaladalitakṣodanīlaṃ tathānye |
kṣīrābdhikṣubdhadugdhādhikataradhavalaṃ kāñcanābhaṃ ca kecit
tvadrūpaṃ viçvarūpaṃ sphaṭikavad upadhāyuktibhedād vibhin-
[nam ||

34. — Sārvajñajñānadipaprakaṭitasakalajñeyatattvaikasākṣī
sākṣād vetti tvadīyāṃ guṇagaṇagaṇanāṃ sarvavit tatsuto vā |
yat tu vyādāya vaktraṃ valibhujaraṭitaṃ mādṛço raṭīti
vyāpat sā tīvraduḥkhajvarajanitarujaçcetaso hāsyahetuḥ ||

35. — Yan me vijñapsyamānaṃ prathamataram adas tvaṃ viçe-
[sena vettrī
tvatvyāhārātirekaçramavidhir abudhasvāntasaṃtoṣahetuḥ |
kiṃ tu snigdhasya bandhor viṣaṃ iva purato duḥkham udgīrya
[vācā
jñātārthasyāpi duḥkhī hṛdayalaghutayā svasthatāṃ vindatīva ||

36. — Kalyāṇānandasindhuprakaṭaçaçikale çītalāṃ dehi dṛṣṭiṃ
puṣṭiṃ jñānopadeçaiḥ kuru ghanakaruṇe dhvaṃsaya dhvāntam-
[antaḥ |
tvatstotrāṃbhaḥpavitrīkṛtamanasi mayi çreyasaḥ sthānam ekaṃ
dṛṣṭaṃ yasmād amoghaṃ jagati tava guṇastotramātraṃ prajā-
[nām ||

37. — Saṃstutya tvatguṇaughāvayavam aniyateyattam āptaṃ
[mayā yat |
puṇyaṃ puṇyāhavāñchāphalamadhurarasāsvādaṃ āmuktibho-
[gyaṃ |
lokas tenāryalokeçvaracaraṇatalasvastikasvasticihnām
ahnāyāyaṃ prayāyāt sugatasutamahīṃ tāṃ sukhāvatyupākhyām ||

IX

TRADUCTION

Oṃ, Hommage à la vénérable Ārya Tārā.

1. — Avec des louanges nouvelles en guise de guirlandes de fleurs, oh! toi qui es un refuge dans le malheur, oh! toi qui donnes le salut, oh! Āryā, j'honore tes pieds, dévotement, la tête courbée sous l'éblouissement des diadèmes, les mains jointes en adoration, — j'honore tes pieds qu'illumine comme d'une teinture laquée l'éclat de l'éblouissance des pierreries des aigrettes gracieuses sur les têtes des plus illustres divinités prosternées devant toi, dorées comme le soleil levant.

2. — Dans la fournaise du malheur, rude à traverser, mon corps est tombé; misérable, je ne sais où me diriger; égaré, que fais-je? que fais-je? Constamment brisé par la non-réussite des entreprises tentées, j'entends les autres, et c'est comme si j'avais les yeux crevés, qui parlent de la beauté de la lune et du soleil, et l'espérance de voir m'enchaîne, et je suis obligé de me laisser guider par un autre; je me réfugie vers toi, qui détruis le mal!

3. — Oui, c'est sur le chemin de tous les êtres que ta compassion qui ne fait point de distinction s'étend et elle les embrasse tous. — Je suis sûr d'être de ceux-là. — Ta puissance sans seconde est le disque solaire des ténèbres que sont les péchés du monde entier. — Je suis un misérable, moi aussi le péché que j'ai commis me brûle; — oh, malheur à ce félon!

4. — Malheur, malheur à moi! l'obscurité qui m'environne ne se dissipe même pas à l'éclat du soleil; je reste altéré au bord de la rive de la fille d'Himavat, cette rive froide et rocheuse enfloconnée de neige, dans les cavernes de laquelle sont des pierreries précieuses en grand nombre, c'est le chemin de l'Île aux Perles. — Pauvre moi, qui suis sans protecteur, quoique ayant choisi, ô divinité, ta seigneurie, qui est l'unique soutien de tous les mondes.

5. — Une mère même se lasse, lorsque son fils pleure nombre de fois pour avoir du lait; un père aussi s'irrite lorsque son fils

demande chaque jour des choses qui ne sont pas ; — mais toi,
branche de l'arbre aux souhaits, qui donne pour fruits les désirs
des trois mondes, tu donnes à tous ceux qui te prient des biens, et
tu ne varies jamais.

6. — « Celui dont le corps est brûlé par le feu des passions, je
suis la barque qui le sauve. » Réalise en ma faveur cette promesse
que tu as révélée, car je plonge dans l'enfer du malheur. Quand
croissent les flots du malheur, pour finir par de rudes insultes, tant
que les mortels attachent leur pensée à la contemplation de la voie
du parfait Buddha, aussi longtemps s'exerce pour eux ta compassion.

7. — Si quelqu'un crie d'une voie forte, en élevant les bras, une
clameur de détresse sous la forme de paroles louangeuses, personne ne doit rester indifférent ; combien plus une telle que toi, ô
mère, — quand je vois les autres obtenir de toi les biens qu'ils
souhaitent et satisfaits dans tous leurs désirs, un feu intérieur
que le déplaisir fait naître me trouble insupportablement.

8. — Si je suis méchant, pourquoi ma dévotion envers toi va-
t-elle toujours croissant ? Le seul fait d'entendre et de se rappeler
ton nom fait que tu enlèves avec force le péché ; comment se fait-il,
dis-le-moi, toi qui es toujours véridique, que tu me repousses,
renonçant vis-à-vis de moi à ton action coutumière ? Est-ce que
le médecin ému d'une grande compassion garde jalousement le
remède approprié à la langueur du malade qui va mourir ?

9. — Tiraillé soit en même temps, soit tour à tour par mes
péchés vils, illusion, envie, orgueil, etc., comme le chameau du
couvent dont les membres sont propriété commune à plusieurs, je
n'obtiens pas d'adorer même un instant le lotus de tes pieds.
Pour le faire, j'ai spécialement composé ces syllabes et ces
mots qu'attriste mon malheur : puissent par là mes vœux n'être
pas stériles !

10. — Comme le vent des derniers temps du monde, l'ouragan
entraîne avec grâce et violence l'eau, elle se soulève en vagues
toutes coquettes d'allure qui courent avec la marée vers la rive et
s'y brisent en un effroyable fracas, comme en un immense éclat
de rire. — Qu'ils t'appellent les naufragés dont la barque est mise
en pièces, avec des cris, des pleurs, pitoyables, paralysés qu'ils
sont par l'angoisse, et aussitôt, ô divinité, ta protection conduira
aisément au rivage de l'océan ceux dont la ressource suprême est
en ta puissance.

11. — Hors des nuages errants de fumée se dégage, comme une
retraite, une demeure céleste ; tandis que les étincelles crépitent

et que les flammes jaillissantes augmentent l'horreur du feu dont
l'ardeur pénètre la maison, ils trouvent comme un lit de repos,
ceux qui te présentent comme un diadème le creux de leurs mains
en adoration, qui te chantent leur invocation d'une voix entre-
coupée ; parmi les jeux et les feux des éclairs, l'eau rapide des
nuages leur apporte la joie au moment même.

12. — Lorsque la liqueur du rut découle des deux tempes comme
des flancs d'une montagne et que les essaims d'abeilles s'y attachent
avec un bourdonnement qui affole l'éléphant ennemi et l'enflamme
de fureur ; alors si l'éléphant du bout de ses défenses comme d'une
haute balançoire soulève le corps de celui qui fixe sur toi sa médi-
tation, la mort s'écarte de ton fidèle, et tout joyeux il se tient comme
s'il était sur la tête même de l'éléphant, pareille avec son large
sommet à une forteresse.

13. — Dans la forêt déserte décorée en guise de lianes par les
pieux auxquels sont empalées les têtes des hommes qu'ont frappés
des traits violemment lancés, les brigands orgueilleux qui, pour
se railler, tiraient l'épée du bout des doigts sont marqués comme
esclaves, eux aux regards torves, aux sourcils froncés et tor-
tueux, par le pinceau de la pensée qui trace distinctement sans se
lasser les syllabes du nom de ta splendeur et de ta majesté.

14. — Il frappe comme un carreau de foudre, laboure de ses griffes
les tempes des éléphants en troupe, et un sang épais ruisselle le long
de sa puissante crinière partagée sur l'épaule ; tout proche et impa-
tient de bondir, la gueule largement ouverte, ornée de dents aiguës,
le lion, cet ennemi des gazelles, se détourne en tremblant et fuit
devant l'homme qui prononce des mots de louange dignes de toi.

15. — Des tourbillons de fumée obscurcissent la face hideuse
d'innombrables serpents, qui sifflent ensemble ; leur gueule s'ouvre
toute grande et montre une large langue ; c'est le lien dont le dieu
avare Yama entoure pour le punir le pécheur, mais si sa pensée
unique est l'énumération de tes vertus, si tu es son principal souci,
il ne porte que guirlandes de fleurs de lotus et bracelets d'abeilles
enivrées.

16. — Les cheveux mal attachés, arrachés par les soldats du service
royal rendus farouches et tremblants par les froncements de sourcil
de leur maitre, enlacé de nœuds de cordes blessants au milieu des
cris excités que poussent les serviteurs bavards et agités, la gorge
et les lèvres desséchées par la soif et la faim ; il se débarrasse de ces
infinies calamités s'il se réfugie aux pieds protecteurs d'Ārya Tārā,
quand ses parents même et ses amis l'auraient abandonné.

17. — Quand les rakṣas habiles aux métamorphoses décevan-

tes, peuvent changer de costume, prendre des formes menteuses,
s'équiper d'armes dont le rayonnement épouvante et éblouit, celui
qui se souvient alors des formules qu'on tire de ton Tantra, rien
que par ce souvenir est délivré de son malheur et même ces monstres qui se parent de guirlandes d'entrailles de cadavres, servent de
garde pour le défendre de tout mal.

18. — Les corps des éléphants sont comme les nuages qui
tonnent, les flots pressés du mada répandu sont comme les ténèbres, le rayonnement des armes fait une lueur d'éclairs, les flèches
sont la pluie qui tombe sur le champ de bataille. A celui que cer-
nent les ennemis acharnés aux bras d'une force extraordinaire tu
donnes un accroissement de force, et devenu sans égal le héros
réduit en poudre les ennemis avec fracas.

19. — Ceux dont les membres sont couverts de blessures, dévorés
de vers qui remuent dans les plaies béantes des veines attachées à
la peau et aux chairs puantes de sang et de pus, dont l'infection
dégoutte, châtiés par la maladie de leurs péchés passés ; ceux-là
lorsqu'ils s'attachent dévotement à la pratique d'un remède de
choix et salutaire, au culte de tes pieds, leur corps prend la beauté
de l'or en fusion et leurs longs yeux sont des lotus.

20. — Même quand, dans le vase de son oreille un précepteur
n'a pas déposé l'aumône de la science ; même quand, l'igno-
rance le rend muet dans la société des savants ; passé maître de
beau langage, il est revêtu de tous les ornements, de toutes les
parures et de toutes les dignités : il obtient à la cour des rois les
trônes des gens éloquents, grâce à la puissance de la dévotion qu'il
a pour toi.

21. — Les membres mal couverts par des loques qui pendent à ses
hanches, déchirées et sales de poussière à force de coucher sur le sol,
écrasant ses poux vivants devant les demeures des autres, deman-
dant à manger dans un tesson ; celui qui te gagne avec une ferme
conviction gouverne une terre que rend aimable le sourire des
jeunes beautés agitant le chasse-mouche, terre abondante en
défenses d'éléphants enivrés de rut, et cet homme est abrité sous
un parasol incomparable.

22. — Ceux que lasse la constante recherche des moyens de trafi-
quer, de solliciter, de s'occuper, d'avoir une profession, de remplir
un office ; qui n'obtiennent pas les richesses, fruits des mérites accu-
mulés par les bonnes actions amassées durant les existences antérieures ; ces gens-là, s'ils te demandent la fortune, ô Mère des malheureux qui triomphes du destin, ils trouvent, eux les pauvres, des
trésors de masses d'or vomi par la terre.

23. — Celui qui se trouve sans moyens d'existence, sans plus savoir que faire, que sa femme dont les vêtements sont usés, menace ; que ses parents, ses amis, ses enfants et ses proches, même de loin évitent, par fierté ; un tel homme par le seul fait de te faire connaître sa misère, devient maître d'une maison dont les abords sont foulés par les sabots des chevaux et, dans son sommeil, seul le cliquetis des bracelets des femmes de son gynécée le réveille.

24. — Pour que le disque pénètre de ses rayons le cercle de l'horizon, pour que la femme soit parée des signes de la beauté et irradie de tous côtés, pour que l'animal aux six défenses devienne le premier entre les éléphants, pour que le cheval de choix ait la robe sombre et luisante comme le plumage du cou du paon, pour que la pierre fine se purifie et brille comme le soleil, pour que le trésorier trouve son trésor comble, pour que le général d'armée dispose d'une multitude de héros, ô vénérable, il suffit d'une bribe de ta grâce.

25. — A son gré, le roi des Vidyādharas rend les hommages sincères d'une hospitalité toujours renouvelée aux amantes dont le plaisir est de folâtrer en ces lieux où elles donnent des rendez-vous, sur ces roches de pierres précieuses parfumées de santal. C'est qu'il doit une magique puissance aux formules qu'il t'adresse ; lorsqu'il se rend à la forêt printanière du Malaya, comme des verrous l'enserrent de bracelets frémissants les bras tendus vers lui, gras, assombris par le reflet de ses armes.

26. — Un collier bat leurs seins, leurs yeux allongés rivalisent avec le lotus qui orne leur oreille, de leurs tresses s'exhale une senteur fraîche, tresses fleuries de fleurs de *mandāra* auxquelles s'enivrent les abeilles, le bruissement des anneaux de leurs pieds s'harmonise au cliquetis continu des ceintures, joyeuses d'excitation amoureuse et respectueuses aussi, elles, les vierges célestes sollicitent celui qui t'adore.

27. — Là des guirlandes de pistils de diamants dans les lotus d'or, là des étangs dont les bords sont cachés par les pierreries, là se soulève en dais gracieux la poussière du pollen des fleurs de l'arbre *pārijāta* qui s'élance dans les airs, là se donne un concert d'harmonie par les belles de la ville des immortels habiles à jouer de la flûte et du luth : c'est le jardin du Nandana, où celui qui se livre à ton culte goûte longtemps la joie d'être.

28. — Dans la Mandākinī à l'onde parfumée par la poudre du nard, de l'agaru, et des écorces odorantes du giroflier, du cardamum et du camphrier, dont les vagues s'arrêtent en tourbillons dans le creux d'entre les seins que soulève l'excitation de l'ivresse

amoureuse des amantes peu paresseuses au jeu de l'eau, ils folâ-
trent avec de belles femmes, ceux qui ont la puissance épanouie de
leurs bonnes œuvres mûrie par l'attachement de leur cœur à toi.

29. — Par les premiers des dieux, la tête inclinée sous le fardeau
de la discipline, ses ordres sont honorés dans le sein du Svarga ; il
est monté sur l'éléphant des dieux, dont les membres brillent de
parures sonnantes ; il est enlacé par le balancement du collier des
bras de Çacī : sur son corps ses poils frissonnent ; c'est que purifié
par ton regard qui s'abaisse sur lui, il règne sur la terre des dieux
et son avant-bras est encerclé de diamants.

30. — Ta beauté s'épand dans le ciel où le Sugata est assis sur
un siège que forme une couronne, par toi les trois mondes resplen-
dissent de rayons plus brillants que des milliers de soleils levants
dans leur fraîcheur; Viṣṇu, Indra, Rudra et Brahma se courbent
sous le faix de ton pas lorsque tu te tiens sur un pied dans l'attitude fière de l'*Ālīḍha*[1], si dévotement elles honorent ta beauté, tu
supprimes la crainte des renaissances pour les créatures.

31. — Il y en a qui te voient sous ton aspect furieux, alors que tu
agites des armes étincelantes à tes bras tels que les troncs d'une
forêt qui pénétreraient le milieu du ciel ; en guise de bracelets tes
serpents aux aigrettes effroyables : c'est la forme que tu prends
pour inspirer la peur. Les ennemis tremblent à ton rire bruyant
qui est comme un tambour aux vibrations intenses au moment où
elles éclatent ; et les vampires dressent leurs mains et les entrecho-
quent et font un tumulte d'ivresse folle et de joie bruyante qui fait
frémir[2].

32. — D'autres te voient sous un autre aspect : dans l'intervalle
de tes poils s'étendent et le vaste ciel et la surface de la terre, où
demeurent en la béatitude Brahma, Indra, Rudra et le reste
des dieux et des hommes, et les Maruts, et les Siddhas, et les
Gandharvas, et les Nāgas. Le cercle de l'horizon est envahi par la
splendeur de Buddhas que tu te plais à créer par centaines et sans
fin, prodigieuse, digne des hommages des trois mondes, embrassant
dans ta propre nature toutes les créatures tant mobiles qu'immo-
biles.

33. — Il y en a qui te voient empourprée comme le rouge soleil
aux rayons plus rouges encore que la laque et le sindūra, d'autres

---

1. Ālīḍha. Position particulière de tir, la jambe droite en avant et la gauche
repliée.

2. Le commentaire applique le vers 31 à l'aspect que Tārā revêt aux
yeux des méchants, tandis que pour les pieux dévots elle est toute compassion.

te voient sombre comme la poussière impalpable des éclats d'une pierre splendide de saphir opaque, d'autres encore te voient plus blanche que le lait baratté de l'Océan ou brillante comme l'or. Ta forme universelle est semblable au cristal qui change d'aspects quand les choses qui sont autour de lui changent.

34.— Témoin unique de la vérité absolue qui peut être connue tout entière lorsqu'elle est éclairée par la lampe de l'omniscience, l'Omniscient ou son fils connaît par ses propres yeux le compte du nombre de tes qualités, mais tout ce qu'un homme comme moi en ouvrant toute grande la bouche peut faire entendre n'est que croassement de corneille, et cette misère est cause de ridicule pour mon esprit qui en souffre une fièvre de maux intenses.

35.— Ce que je désire te faire connaître, tu le sais en détail déjà d'avance, mais la façon dont se fatigue extrêmement l'ignorant en s'exprimant à toi devient une cause de satisfaction pour lui ; comme en présence d'une mère affectueuse alors même qu'elle sait tout déjà, le malheureux qui vomit sa douleur comme un poison obtient le bien-être.

36.— O toi qui es le croissant de lune manifesté sur l'océan de la joie du bien, donne-nous ta vue rafraîchissante, fais-nous croître par l'enseignement de la science, ô toi dont la compassion est intense, dissipe l'obscurité intérieure ; j'ai purifié mon cœur dans l'eau lustrale de ta louange, le salut unique est assuré pour moi, puisque l'éloge de tes vertus est la seule ressource infaillible des créatures.

37.— En louant une fraction insignifiante de la foule de tes mérites j'obtiens un mérite spirituel, qui a la saveur du suc exquis du fruit du souhait du jour pur, pour en jouir jusqu'à la délivrance. Puisse le monde entier par ce même mérite s'en aller tout de suite vers la terre des fils de Sugata, terre qui porte la bienheureuse empreinte du Svastika de la plante des pieds du noble seigneur du monde, terre qui a nom Sukhāvatī !

X

ĀRYATĀRĀBHAṬṬĀRIKĀNĀMĀṢṬOTTARAÇATAKASTOTRA

Oṃ namaḥ çrīmadāryatārāyai

çrīmatpotalake ramye nānādhātuvirājite |
nānādrumalatākīrṇe nānāpakṣinikūjite | 1 |

nānānirjharajhaṃkāre nānāmṛgasamākule |
nānākusumajātībhiḥ samantād adhivāsite | 2 |

nānāhṛdyaphalopete ṣaṭpadodgītanisvane |
kinnarair madhurair gītair mattavāraṇasaṃkule | 3 |

siddhavidyādhāragaṇaiḥ gandharvaiç ca ninādite |
munibhir vītarāgaiç ca satataṃ saṃniṣevite | 4 |

bodhisatvagaṇaiç cānyaiḥ daçabhūmīçvarair api |
āryatārādibhir devīvidyārājñīsahasrakaiḥ | 5 |

krodharājagaṇaiç cānyaiḥ hayagrīvādibhir vṛte |
sarvasatvahitodyukto bhagavān avalokitaḥ | 6 |

vijahāra tataḥ çrīmān padmagarbhāsane [1] sthitaḥ |
mahatā tapasā yukto maitryā ca [2] kṛpayānvitaḥ | 7 |

dharmaṃ dideça tasyāṃ sa mahatyāṃ devaparṣadi |
tatropaviṣṭam āgamya vajrapāṇir mahābalaḥ [3] | 8 |

1. B. tale.
2. B. va.
3. C. varaḥ.

paramakṛpayā yuktaḥ papracchety[1] avalokitam |
taskaroragasiṃhāgnigajavyāghrāmbusaṃkaṭe | 9 |

sīdanty amī mune satvā m'agnāḥ saṃsārasāgare |
baddhāḥ saṃsārakaiḥ pāçai rāgadveṣatamopahaiḥ | 10 |

mucyante yena saṃsārāt tan me brūhi mahāmune |
evam ukte jagannāthaḥ sa çrīmān[2] avalokitaḥ | 10 bis |

uvāca madhurāṃ vāṇīṃ vajrapāṇiṃ prabodhinam |
çṛṇu guhyakarājendra amitābhasya tāyinaḥ | 11 |

praṇidhānavaçotpannā mamājñā lokamātaraḥ
mahākaruṇayopetā jagaduddharaṇoddhṛtāḥ | 12 |

uditādityasaṃkāçāḥ pūrṇenduvadanaprabhāḥ |
bhāsayanti drumāṃs tārāḥ sadevāsuramānuṣān | 13 |

kampayanti trayo lokān trāsyantī yakṣarākṣasān |
nilotpalakarā devī mā bhair mā bhair iti bruvan | 14 |

jagatsaṃrakṣaṇārthāya aham utpāditā jinaiḥ |
kāntāre çastrasaṃparke nānābhayasamākule | 15 |

smaraṇād eva nāmāni satvān rakṣāmy ahaṃ sadā |
tārayiṣyāmy ahaṃ nātha[3] nānābhayamahārṇavāt | 16 |

tena tāreti māṃ loke gāyanti munipuṃgavāḥ |
kṛtāñjalipuṭā bhūtvā tataḥ sādarasādhvasāḥ | 17 |

jvalatīryantarīkṣestha idaṃ vacanam abravīt[4] |
nāmāṣṭaçatakaṃ brūhi yat purā kīrtitaṃ jinaiḥ | 18 | .

dāçabhūmīçvarair nāthair bodhisatvair maharddhikaiḥ |
sarvapāpaharaṃ puṇyaṃ māṅgalyaṃ kīrtivardhanam | 19 |

1. D'ap. C. — A. papraccha so.
2. B. supprime le second hémistiche du vers 10 et le premier hémistiche
du vers 10 bis, où il remplace çrīmān par varmān.
3. B. satvā.
4. B. abruvan.

dhanadhānyakaraṃ caiva ārogyapuṣṭivardhanam ǀ [1]
maitrīm ālambya satvānāṃ tat kīrtaya mahāmune ǀ 20 ǀ

evam ukte tha bhagavān prahasann avalokitaḥ ǀ
vyavalokya diçaḥ sarvā maitryā sphuraṇayā dṛçā ǀ 21 ǀ

dakṣiṇakaram uddhṛtya puṇyalakṣaṇamaṇḍitam ǀ
tam uvāca mahāprājñaḥ sādhu sādhu mahātapaḥ ǀ 22 ǀ

nāmāni çṛṇu mahābhāga sarvasatvaikavatsalaḥ ǀ
yāni saṃkīrtya manujāḥ samyak te syur dhaneçvarāḥ ǀ 23 ǀ

sarvavyādhivinirmuktāḥ sarvaiçvaryaguṇānvitāḥ ǀ
akālamṛtyunirdagdhāç cyutā yānti sukhāvatīm ǀ 24 ǀ

tāny ahaṃ saṃpravakṣyāmi devasaṃghāḥ çṛṇudhva me
anumodeta [sad] dharme bhaviṣyadhvaṃ sunirvṛtāḥ [2] ǀ 25 ǀ

oṃ locane sulocane tāre tārotsave sarvasatvānukampini
sarvasatvottāriṇi sahasrabhuje sahasranetre ǀ 26 ǀ

oṃ namo bhagavate valokya āvalokyā [3] ǀ
sarvasatvānāṃ cāhaṃ phuṭ svāhā [4] ǁ 27 ǀ

oṃ çuddhe viçuddhe çodhanaviçodhani [5] ǀ
sugatātmaje maitrīhṛdaye nirmale çyāme çyāmarūpiṇi ǀ 28 ǀ

mahāprājñe pravare pravarabhūṣite parājite ǀ
mahāraudri viçvarūpi mahāyaça [6] ǀ 29 ǀ

kalpāgnimahātejā lokadhātrī [7] mahāyaçā ǀ
sarasvatī viçālākṣī prajñāçrībuddhivardhanī ǀ 30 ǀ

---

1. B. : dhanadhānyakaraṃ caivārogyapuṣṭivardhanam
           āyurārogyajanaṃ sarvasatvasukhavaham, etc...
2. C. anumode bhavetadvā bhaviṣyadhvaṃ sunirvṛtāḥ ǁ 25 ǁ
3. C. ajoute : māṃ.
4. C. ajoute : Ōm tāre tuttāre ture svāhā.
5. Çodhana viçodhani manque dans B et dans C.
6. B. mahabalā.
7. D'ap. B. — A. : lokatrī.

oṃ dhṛtidā puṣṭidā svāhā oṃkārā kāmarūpiṇī |
sarvasatvahitodyuktā saṃgrāme tāraṇī jayā | 31 |

prajñāpāramitādevī āryātārā manoramā |
dundubhisakhinī pūrṇavidyārājñī priyaṃvadā | 32 |

candrānanā mahāgaurī ajitā pītavāsasā |
mahāmāyā mahāçvetā mahābalaparākramā | 33 |

mahāraudrī mahācaṇḍī duṣṭasatvanisūdanī |
praçantā çāntarūpā ca vijayā jvalanaprabhā | 34 |

vidyunmālī dhvajī khaḍgī cakrī cāpayutāyudhā |
jambhanī stambhanī kālī kālarātrī niçācarī | 35 |

rakṣaṇī mohinī çāntā kāntā vibhāvinī çubhā |
brāhmaṇī vedamātā ca guhā ca guhavāsinī | 36 |

māṅgalyā çaṅkarī[1] saumyā jātavedā manojavā |
kāpālinī mahābhāgā[2] saṃdhyā satyāparājitā | 37 |

sārthavāhā kṛpadṛṣṭī naṣṭamārgapradarçanī |
varadā çāsanī çāstrī strīrūpāmitavikramā | 38 |

çavalī yoginī siddhā cāṇḍālī cāmṛtā dhruvā |
dhanyā puṇyā mahābhāgā subhāgā priyadarçanī | 39 |

kṛtāntatrāsanī bhīmā ugrā ugramahātapā |
jagadekahitodyuktā çaraṇyā bhaktivatsalā | 40 |

vāgīçvarī çivā sūkṣmā nityā sarvārthamātṛkā[3] |
sarvārthasādhanī bhadrā goptrī dhātrī dhanaṃjayā | 41 |

abhayā gautamī puṇyā çrīmallokeçvarātmajā[4] |
tārā nāmaguṇānantā sarvāçāparipūraṇī | 42 |

1. A. Sakari.
2. B. — vegā — ce qui éviterait un double. v. v. 39.
3. B. donne : °manuṣa. et C : sarvatracānuga.
4. C. donne prokta pour puṇyā. Corr. d'ap. B. — A. : jeti.

nāmāṣṭottaraçatakaṃ tat kīrtitaṃ hitena vaḥ |
rahasyam adbhutaṃ guhyaṃ devānām api durlabham | 43 |

saubhāgyaṃ bhāgyakaraṇaṃ sarvakilbiṣanāçanam |
sarvavyādhipraçamanaṃ sarvasatvasukhāvaham | 44 |

trikāraṃ yaḥ paṭhed dhīmān çuciḥ snānasamāhitaḥ |
'acireṇaiva kālena rājyaçriyam avāpnuyāt | 45 |

duḥkhitaḥ syāt sukhī nityadaridro dhanavān bhavet |
[jaḍo] bhavet mahāprājño medhāvī ca na saṃçayaḥ | 46 |

bandhanān mucyate baddho vyavahāre jayo bhavet |
çatravo mitratāṃ yānti çṛṅgiṇaç cātha daṃṣṭriṇaḥ | 47 |

saṃgrāme saṃkaṭe durge nānābhayasamākule |
smaraṇād eva nāmāni [sarvapāpāny] apohati | 48 |

nākālaṃṛtyur bhavati prāpnoti vipulāṃ çriyam |
mānuṣyaṃ saphalaṃ janma yasya[2] kasya mahātmanaḥ | 49 |

yaç cedaṃ prātar utthāya mānavaḥ kīrtayiṣyati |_
sa dīrghakālam āyuṣmān çriyaṃ ca labhate naraḥ | 50 |

devā nāgās tathā yakṣā gandharvāḥ kaṭapūtanāḥ |
piçācarākṣasā bhūtā mātaro raudratejasaḥ | 51 |

[3]kṣayāpasmārakārakaç caiva kṣatakākhorḍakādayaḥ[4] |
ḍākinyās tārakā pretāḥ skandā mārā mahāgrahāḥ | 52 |

chāyām api na laṅghante[5] kiṃ punas tasya vigrahaḥ |
duṣṭasatvā na vādhante vyādhayo nākramanti ca | 53 |

devāsura[m]api saṃgrāmam anubhavanti maharddhikāḥ |
sarvaiçvaryaguṇair yuktaḥ putrapautraiç ca vardhate | 54 |

---

1. B. porte : çodhane sādhakasyevarādhyaçriyaṃ. A. :.çodhakasyeva.
2. D'ap. B. et C. au lieu de : tasya.
3. B. — bhayāni.
4. Dans C. les hémistiches du v. 52 sont intervertis, et le second finit ainsi :
kṛtyākārkoṭakādayaḥ || 48 || .
5. Corr. d'ap. B. au lieu de : ualaghake.

jâtismaro bhaved dhîmân kulînaḥ priyadarçanaḥ | 55 |

prîtimâṃç ca mahâvâgmî sarvaçâstraviçâradaḥ | 56 |

kalyâṇamitrasaṃsevî bodhicittavibhûṣitaḥ |
sadâvirahito buddhair yatra yatropapadyate | 57 |

Ity âryatârâbhaṭṭârikâyâ nâmâṣṭottaraçatakaṃ buddhabhâṣitaṃ
samâptaṃ |

| çubham |

XI

TRADUCTION DE LA LISTE DES CENT HUIT NOMS D'ĀRYA TĀRĀ

Hommage à la glorieuse Ārya Tārā.

Sur le noble Potalaka, qui est agréable, qui resplendit de l'éclat de divers minéraux, que recouvrent des lianes et des arbres variés, qui résonne des cris d'oiseaux de toutes sortes,

1 — rendu bruyant par de nombreuses cascades, peuplé de gibier de toutes les espèces, que parfument de tous côtés les

2 fleurs de jasmins et de lotus variés, — fourni de fruits délicieux et divers, tout plein du susurrement des abeilles et rempli des doux chants des kinnaras et des éléphants ivres, —

3 fréquenté par des troupes de vidyādhāras, de saints et de gandharvas bruyants, et par les ascètes exempts de passions;

4 fréquenté aussi, éternellement, — par les foules des bodhisatvas et par les autres seigneurs des dix terres, et par des milliers de déesses et de reines de la science, à commencer par

5 Ārya Tārā, — couvert par les troupes du roi de la Colère et d'autres, à commencer par Hayagrīva; (sur ce Potalaka) le bienheureux Avalokita qui est attentif au bien de toutes les

6 créatures, — se tenant sur le siège fait du cœur d'un lotus, le bienheureux était là, doué d'un grand ascétisme et plein de com-

7 passion et d'amitié. — Il enseignait la Loi dans cette grande assemblée des dieux. Étant venu vers lui, qui était assis là,

8 Vajrapāṇi à la grande force — inspiré par la plus vive compassion, interrogea ainsi Avalokita: « Voleurs, serpents, lions, » feu, éléphants, sont comme des flots qui rendent plus péril-

9 » leux encore l'océan des transmigrations; — ô Muni! ces êtres » y tombent noyés, liés par les lacets du saṃsāra qui entraî-

10 » nent les ténèbres, la haine et les passions; — ce par quoi on » est délivré du saṃsāra, dis-le-moi, ô grand Muni! » Ainsi

10*bis* interpellé, Avalokita, le maître du monde, répondit — une douce parole à Vajrapāṇi qui veille : « Écoute, souverain des

11 » Guhyakas, le sauveur Amitābha. — Les Mères du monde,
» nées par la puissance de mon recueillement, douées d'une
12 » grande pitié et attentives à sauver le monde, — semblables
» au soleil levant, ayant un éclat pareil à celui de la pleine
» lune, les Tārās illuminent les arbres avec les dieux, les asu-
13 » ras et les hommes, — elles font trembler les trois mondes,
» épouvantant les yakṣas et les rākṣasas. La déesse qui a en
» main un lotus bleu : N'aie pas peur, n'aie pas peur, ainsi dit-
14 » elle, — c'est pour protéger le monde que j'ai été créée par
» les jinas. Dans les fourrés quand les épées se croisent, quand
15 » le danger est pressant, — par le seul souvenir de mes noms,
» je protège toujours les créatures, je les ferai traverser, moi,
» ô protecteur, hors des grands flots et des craintes diverses,
16 » — C'est pourquoi sous le nom de Tārā, ils me célèbrent les
» taureaux des Munis, ayant fait l'añjali en forme de coupe,
17 » là, avec respect et émotion. ».....Il (Vajrapāṇi) dit cette
    parole : « Dis les Cent huit noms qui ont été proclamés au-
18 » trefois par les jinas, — par les seigneurs des dix terres, par les
» bodhisatvas qui sont doués de force surnaturelle, noms qui
» enlèvent tout péché, purs, qui portent bonheur, qui dévelop-
19 » pent la splendeur, — qui donnent la richesse et les moissons,
» et qui accroissent aussi la prospérité et la santé ; au nom de
» ton amitié pour les créatures, fais cela, ô grand Muni. »
20   A ces paroles, le bienheureux Avalokita, souriant, jetant
ses regards sur toutes les régions de l'horizon, d'un œil étince-
21 lant de bienveillance, — soulevant la main droite ornée d'un
signe propice, dit à celui-ci, le grand sage :
22   « Bien, bien, ô toi qui as un grand tapas, entends les noms,
» ô toi bienheureux, unique chéri, en les répétant les hommes
23 » sont tous des princes des richesses, — ils sont délivrés de toutes
» les maladies, doués de toutes les qualités et de tous les pou-
» voirs, ils écartent la mort qui est hors de temps, et une fois
24 » tombés, ils arrivent à Sukhāvatī. — Ces noms, je vais les
» énumérer, divinités assemblées, écoutez-moi, réjouissez-vous
25 » dans la loi — et soyez bien apaisées dans le dharma. Ôṃ!
» hommage à celle qui a des yeux, qui a de beaux yeux, Tārā, fête
» à Tārā qui est miséricordieuse envers toutes les créatures, qui
» sauve toutes les créatures, qui a mille bras, qui a mille
26 » yeux, — ôṃ, hommage à Bhagavatī, ... de toutes
27 » les créatures — phuṭ ! svāhā ! Ôṃ, hommage à la pure,
» à la très pure, qui purifie, qui nettoie, fille du Sugata, qui a
» le cœur plein d'amitié, qui est sans tache, de couleur sombre,

28 » qui a le visage sombre,— très sage, excellente, excellemment
» parée, invincible, inspirant un grand effroi, revêtant toutes
29 » les formes, à la grande splendeur, — au grand éclat du feu
» du kalpa, protectrice du monde à l'immense gloire, Sa-
30 » rasvatī, aux grands yeux, faisant croître la sagesse, la beauté
» et la raison ; qui est ôm, qui revêt à son gré la forme qu'elle
» souhaite , qui est bonne pour toutes les créatures,
31 » dans le combat sauveuse et victorieuse, — déesse de la per-
» fection de la science, noble Tārā qui réjouit le cœur, amie
» du tambour, reine de la complète science, qui dit des
32 » choses agréables,— qui a un visage de lune, au teint grande-
» ment clair, invincible, au vêtement jaune, grande Māyā, très
33 » blanche, très forte, très puissante, — très terrible, pleine de
» grande fureur, meurtrière des créatures mauvaises, apaisée,
» à la beauté calme et victorieuse, qui a l'éclat des flammes,
34 » — enguirlandée d'éclairs, porte-drapeau, porte-glaive, porte-
» disque, qui a un arc et des armes, destructrice, soutien,
35 » Kālī, nuit du temps, noctambule, — protectrice, qui trouble,
» qui est apaisée, bien-aimée, brillante, brāhmaṇī et mère des
36 » Vedas, cachée et habitante des cavernes, — propice, heu-
» reuse, douce, qui a engendré le Veda, prompte comme l'es-
» prit, ornée de crânes, qui a une grande destinée, crépuscule,
37 » véridique, victorieuse, — conductrice des caravanes, qui
» regarde avec compassion, qui montre la route aux égarés ;
» elle donne des faveurs, elle ordonne, maîtresse parée de
38 » la beauté féminine, au grand courage, — bigarrée, pra-
» tiquant le yoga, sainte, Cāṇḍālī, immortelle, inébranlable,
» opulente, pure, à la glorieuse destinée, ayant une belle
39 » existence, agréable à voir, — faisant trembler la mort,
» terrible, farouche, elle a un puissant et effrayant tapas, elle
» n'est attentive qu'au bien du monde, protectrice, amie de
40 » la dévotion, — princesse de l'éloquence, favorable, subtile,
» éternelle, réalisant toutes les fins, elle réalise l'exécution de
» tous les projets, heureuse, bienfaitrice, nourricière, elle con-
41 » quiert les richesses, — intrépide, Gautamī, sainte fille du
» vénérable maître du monde. Tārā est infinie par les
» qualités de ses noms, elle comble entièrement toute espé-
42 » rance. — Ces cent huit noms ont été promulgués pour votre
» utilité, noms mystérieux, miraculeux, secrets, difficiles à
43 » acquérir même pour les dieux, — ils procurent la bonne
» fortune et un heureux destin, ils détruisent tous les péchés,
» ils sont l'apaisement de toutes les maladies et apportent la

44 » joie à tous les êtres. — Celui qui les réciterait trois fois in-
   » telligent, pur, après avoir pris un bain, obtiendra en peu de
45 » temps les honneurs royaux, — le malheureux deviendra
   » heureux perpétuellement, le pauvre sera dans l'opulence,
   » l'idiot deviendra très sage et très intelligent, il n'y
46 » a aucun doute à cet égard, — celui qui est lié sera
   » délivré de ses liens, dans les procès il triomphera,
   » les ennemis deviendront des amis, et les bêtes à
47 » cornes ou à défenses; — dans la bataille, dans les lieux
   » impraticables, dans les endroits difficiles, remplis de causes
   » variées de frayeur, par le fait du souvenir de ces
48 » noms, les péchés sont entièrement enlevés. — Il n'a pas de
   » mort intempestive, il obtient une grande prospérité, sa
   » naissance comme homme sera fructueuse pour qui que
49 » ce soit qui sera magnanime, — qui, s'étant levé le matin,
   » célébrera ceux-ci; — un tel homme obtiendra une longue
50 » vie et le bonheur. — Les dieux, les Nāgas et aussi les
   » Yakṣas, les Gandharvas, les démons destructeurs et les
   » Piçācas, les Rākṣasas, les Bhūtas, et les Mères à l'éclat
51 » terrible, — ceux qui apportent la mort et l'épilepsie, les Kṣa-
52 » tas(?) Kākhorḍaka, etc, les Ḍākinis, les Tārakas, les Pretas,
   » les Skandas, les Māras, les grands monstres, ne franchis-
   » sent même pas son ombre, à bien plus forte raison ils ne le
   » saisiront pas ; les créatures impures ne le frappent pas, les
53 » maladies même ne l'approchent pas. — Les dieux et les
   » Asuras l'assistent au combat (?), eux qui ont une grande puis-
   » sance surnaturelle, il est doué des qualités de la domination
54 » universelle, il s'accroît par ses fils et ses petits-fils. — Il
   » aura le souvenir de ses naissances antérieures, intelligent,
55 » noble et agréable à voir, — doué de charmes, très éloquent,
56 » versé dans tous les çāstras; orné de la pensée de la bodhi.
   » fréquentant de bons amis spirituels, et toujours non aban-
57 » donné par les Buddhas, où qu'il se trouve. »

Ainsi est terminée la liste des Cent huit noms de Ārya Tārā, la
princesse, énoncés par Buddha.

XII

EKAVIṂÇATISTOTRA

1 Namas tāre ture vīre kṣaṇadyutinibhekṣaṇe |
trailokyanāthavaktrābjavikasatkesarodbhave ||

2 namaḥ çāntasaraccandrasaṃpūrṇapaṭalānane |
tāre sahasravikalpaprahasatkiraṇojjvale ||

3 namaḥ kanakanīlābjapāṇipadmavibhūṣite | ,
dānavīryatapaḥkṣāntititikṣādhyānagocare ||

4 namas tathāgatoṣṇīṣavijayānantacāriṇi |
açeṣapāramitāprāptajinaputraniṣevite ||

5 namas tuttārahūṃkārapūritāçādigantare |
saptalokakramākrāntā açeṣākarṣaṇakṣaṇe ||

6 namaḥ çakranarabrahmamarudviçveçvarārcite |
bhūtavetālagandharvagaṇayakṣapuraskṛte ||

7 namas tratritriphaṭkāre paramantrapramardani |
pratyālīḍhapādanyāse çikhijvālākulojjvale ||

8 namas ture mahāghore māravīravināçani |
bhṛkuṭīkṛtavaktrābjasarvaduṣṭanisūdani ||

9 namas triratnamudrāṅke hṛdyāṅgulivibhūṣite |
bhūṣitāçeṣadikcakranikare sukulākule ||

10 namaḥ pramuditāṭopamukuṭākṣiptasāriṇi |
hasatprahasattuttāre māralokabhayaṃkari ||

11 namaḥ samantabhūpālāpātālākarṣanakṣaṇe |
bhṛkuṭikṛtahūṃkāre sarvāpadavimocani ||

12 namaḥ çikhaṇḍakhaṇḍendumukuṭābharaṇojjvale |
amitābhatathābhāre bhāsvare kiraṇadhruve ||

13 namaḥ karatalāghātacaraṇāhatabhūtale |
bhṛkuṭikṛtahūṃkārasaptapātālanāçini ||

14 namaḥ kalpāntahutabhugjvālāmālāntare sthite |
ālīḍhamuditābaddharipucakravināçini ||

15 namaḥ çive çubhe çānte çāntanirvāṇagocare |
svāhā praṇamya saṃyukte mahāpātakanāçini ||

16 namaḥ pramuditābaddharipugātraprabhedani |
daçākṣarapādanyāse vidyāhuṃkāradīpite ||

17 namas ture pādāghāte huṃkārakārajīvite |
merumaṇḍalakailāçabhūvanatrayacāraṇi ||

18 namaḥ surāsarākārahariṇīkakare sthite |
haradviruktaphaṭkāra açesaviṣanāçini ||

19 namaḥ suragaṇayakṣāsurakinnarasevite |
ābaddhamuditābhogakari duḥ(sva)pnanāçini ||

20 namaç candrārkasaṃpūrṇa nayanadyuti(sva)bhāsvare |
tāra dviruktottāre viṣamajvalanāçini ||

21 namas tritalavinyāse çivaçaktisamanvite |
grahavetālayakṣādyanāçani pravare ture ||

1 Mantramūlam idaṃ stotraṃ namaskāraikaviṃçati |
yaḥ paṭhet prāyaço dhīmān devyā bhaktisamanvitaḥ ||

2 so yaṃ vā prātar utthāya smaret sarvābhayapradaṃ |
sarvapāpapraçamanaṃ sarvadurgatināçanam ||

3   abhiṣiktobhaya tūrṇaṃ asmin mahattām āsādya |
viṣaṃ tasya mahāghora'ṃ smaraṇāt pralayaṃ yānti ||

4   grahajvalaviṣārtānāṃ anyeṣāṃ caiva satvānāṃ |
putrakāmo labhet putraṃ sarvakāmān avāpnoti ||

5   saptabhir jinakoṭibhiḥ so nte bauddhapadaṃ vrajet |
sthāvaraṃ vātha jaṅgamaṃ sāḍ idaṃ pīḍam eva ca ||

6   paramārtivināçanaṃ dvitrisaptābhivartinām |
dhanakāmo labhed dhanaṃ na vighnaiḥ pratihanyate'═

Iti çrīsaṃyaksaṃbuddhavairocanabhāṣitaṃ bhagavatyāryatārā-
devyā namaskāraikaviṃçatistotraṃ saṃpūrṇaṃ samāptaṃ ||

|| çubham ||

1. Variantes du ms. B
    v. 7. — kulajvale.
    v. 8. — sundani
    v. 10. — māriṇi.
    v. 12. — abharaṇajvale.
Les vers des strophes de louange de la fin sont donnés dans un ordre différent par le ms. B.. mais le texte en est identique.

XIII

CONCLUSION

Le buddhisme, à son origine, semble avoir été plutôt défavorable à l'élément féminin ; qu'on se rappelle les difficultés qui furent soulevées quand la mère adoptive du Buddha, Mahāprajāpati et les religieuses demandèrent à être admises officiellement dans la communauté et les reproches que dut essuyer Ānanda, si nous en croyons les récits relatifs au premier concile, pour les avoir protégées [1]. Ces traits trahissent, soit chez les fondateurs de l'église une préoccupation déjà motivée par le danger d'une influence féminine, soit chez les rédacteurs du canon un esprit d'hostilité désireux de se légitimer par un appel au passé.

Tandis que le rationalisme monastique des églises singhalaises réussissait à écarter ce péril, l'église du Nord, plus fidèle au véritable esprit de l'Inde, ouvrait la porte aux divinités féminines et leur permettait d'acquérir peu à peu un rang prépondérant dans son panthéon.

La fortune d'Ārya Tārā est la plus éclatante de toutes.

La légende et l'étymologie sont d'accord pour donner à Tārā une double physionomie aisément réductible à l'unité.

Le buddhisme rattache de préférence son nom à la forme causative de la racine *tar*, traverser ; Tārā est alors la déesse qui *fait traverser* ; son nom éveille comme un écho dans l'imagination indienne la métaphore, usuelle au point d'être inaperçue, de l'Océan des existences. La série des transmigrations apparaît en effet à l'Hindou comme une mer infinie ; c'est à trouver le moyen d'en atteindre l'autre bord que la religion et la philosophie ont l'une et l'autre épuisé leurs ressources.

Le brahmanisme, de son côté, connaît aussi une Tārā, soit que jaloux d'une déesse née en dehors de ses traditions il l'ait annexée au moyen d'une légende, soit que Tārā, l'épouse brillante de Bṛhaspati, mère de Buddha, eût déjà son histoire telle que nous la

---

1. Voir Minayeff, trad. de M. de Pompignan, p. 35.

donnent les Purâṇas[1] ; il rattache son nom à la désignation générique de l'étoile, en sanscrit : *tārā, la claire.*

Ces deux aspects se sont facilement confondus : Tārā gardera toujours l'empreinte de son origine; nous avons vu qu'elle sauve constamment ses adeptes de l'eau ou par l'eau en les faisant atterrir en lieu sûr; elle est aussi le guide fidèle, l'étoile du nautonier, *stella maris* invoquée du navigateur[2].

1. Cf. Viṣṇupurâṇa, ɪᴠ. 6, Bhāgavatapûrâṇa, ɪx. 14, 4-8, et Harivansa, xxv[1].

Voici le texte du Harivansa d'après la traduction de Langlois, t. I, p. 113-114 : « Après s'être acquitté de la cérémonie qui complète le sacrifice, heureux et chéri de tous les Devarṣis, il (Soma) brilla parmi les rois dont il était le souverain, étendant sa lumière sur les dix régions du ciel. Mais à peine eut-il obtenu cette domination difficile à acquérir que les munis eux-mêmes avaient sanctionnée de leurs bénédictions, que sa raison se troubla, égarée par l'orgueil. Il enleva la glorieuse épouse de Vṛhaspati nommée Tārā, manquant ainsi au respect qu'il devait au fils d'Aṅgiras. En vain les dieux et les Rājarṣis vinrent le prier de réparer cet affront : il refusa de rendre Tārā. Le précepteur des dieux Vṛhaspati fut indigné de sa conduite et lui déclara la guerre. Uçanas se mit dans l'arrière-garde du fils d'Aṅgiras; il avait été le disciple de Vṛhaspati plutôt que de Bhṛgu son père. Le dieu Rudra lui-même, par amitié pour son maître outragé, prit le commandement de cette arrière-garde et s'arma de son arc Ajagava; il lança contre les dieux partisans de Soma un trait redoutable qui abattit tout leur orgueil. Alors se livra ce combat terrible auquel Tārā a donné son nom, combat sanglant également funeste aux Devas, aux Daityas et aux mondes. Ceux d'entre les dieux qui avaient échappé et les Tuṣitas se présentèrent devant Brahma, leur protecteur, maître suprême et éternel. Ce dieu arrêta Uçanas et Rudra, et rendit lui-même Tārā au fils d'Aṅgiras. Mais Vṛhaspati s'étant aperçu qu'elle était enceinte, lui dit : « Le sein de ma femme ne doit pas garder ce fruit. » Aussitôt il la débarrassa avec violence d'un enfant qui devait un jour être terrible pour ses ennemis et qui brilla comme un feu qui tombe sur une jonchée de roseaux. A peine était-il né qu'il offrait toute la beauté des dieux. En ce moment les Suras indécis dirent à Tārā : « Déclare la vérité, de qui est-il fils, de Soma ou de Vṛhaspati? » A cette question des dieux, elle ne répondit rien de satisfaisant, son fils lui-même allait la punir par une imprécation, Brahma le retint et interrogea cette épouse embarrassée : « Tārā, lui dit-il, explique-toi sur la vérité, de qui est ce fils? » Saluant Brahma avec respect elle répondit : « Il est fils de Soma. » Alors Soma embrassant ce fils, dit : «Voilà Budha! (Mercure). »

2. Se représenter les buddhistes indiens hostiles à la navigation serait méconnaître un côté important de leur vie et le complément indispensable du caractère missionnaire de leur foi. La traversée à Laṅkā n'était pas la seule qui leur fût familière. Notre inscription javanaise en est une preuve, de même aussi la légende bien connue de Pûrṇa le vertueux (Burnouf, *Introd.*, p. 235 et suiv.), qui permet de constater l'existence d'une corporation de marchands marins très puissamment organisée dans la ville de Sûrpâraka (au nord de Bombay). Il serait singulier qu'il n'en eût pas été de même dans bien d'autres villes maritimes commerçantes.

Les titres d'honneur que reçoit Tārā montrent le rang qu'elle occupe dans la savante hiérarchie buddhique :

Le plus fréquent de tous est : *āryā*, qui se joint à son nom jusqu'à en devenir un élément inséparable. Cette épithète désigne dans la langue technique de l'église buddhique le degré suprême de sainteté[1].

Tārā est souvent aussi qualifiée de *Bhaṭṭārikā, la princesse*. Ce mot est un document historique précis : Bhaṭṭārikā est le féminin du mot *Bhaṭṭāraka*, qui se rencontre à partir du sixième siècle dans les inscriptions pour désigner les mahārājas et les mahārājādhirajas (les rois vassaux ou les suzerains) et aussi les divinités de premier rang[2]; il désigne les épouses de ces personnages.

Une autre épithète qui est devenue comme un surnom de Tārā est *Sragdharā, la porteuse de guirlande;* c'est sans doute la popularité de ce nom qui a déterminé Sarvajñamitra à célébrer sa divinité préférée dans le mètre également appelé *Sragdharā;* le *Sragdharā stotra* est en effet à la fois l'hymne à *Sragdharā* et l'hymne en *Sragdharā*.

L'extension rapide du culte de Tārā, soit en Chine, soit au Tibet, s'explique par l'histoire du monde buddhique à partir du sixième siècle : des pèlerins hardis parcouraient l'Asie tout entière et propageaient sur leur passage les doctrines, les croyances et les légendes recueillies au hasard de leur course. Fa-Hian, Hiouen-Tsang et I-Tsing symbolisent ce grand mouvement. Néanmoins il ne faudrait pas se représenter les éléments divers, ainsi transportés, comme se pénétrant aisément les uns les autres; ils formaient une mosaïque et non point une unité compacte. Tandis que nos documents assignent à Tārā une place très éminente parmi les divinités buddhiques, c'est à peine si nous la voyons mentionnée dans le reste de la littérature étudiée jusqu'ici.

La continuité du culte de Tārā nous est confirmée par quelques mentions de tīrthas de Tārā dans le *Svayambhūpurāṇa*[3] et les titres de plusieurs tantras. (Voir page VI, note 1.)

La Tārā originelle est dans l'ordonnancement du panthéon sep-

1. Voir Minayeff, trad. Pompignan, p. 87.
2. Paçupati, Çiva et le Soleil. Cf. Fleet, *Corp.*, p. 17.
3. A ce sujet M. de La Vallée Poussin nous communique le passage suivant du *Svayambhūpurāṇa* manusc. dev. 78 du Cat. de la Bibl. Nat., Paris.
Fᵒ 147. Le roi Açoka se rend successivement à tous les tirthas et adresse des prières à la série des divinités auxquelles ils sont consacrés, notamment à Vāṇīvati. Mātṛdevi :
Tato bhiṣṛtyāryatārātūrtham āsadyābhiṣecya Tārām abhipūjya Tārām, bha-

tentrional, attribuée comme épouse au dhyānibuddha Amogha-siddha. Il a fallu créer aussi pour les autres dhyānibuddhas des compagnes qui ont reçu également le nom générique de Tārā avec des attributs particuliers[1].

Tārā n'est pas restée un type isolé, elle a de nombreuses sœurs, elle présente bien des traits communs avec les divinités féminines du tantrisme. Plus on se rapproche des pratiques tantriques, plus la différenciation entre chaque personnage divin devient difficile. Dans les stotras et dhāraṇīs les hymnes de Tārā se trouvent confondus pêle-mêle avec ceux de Mārici, Kurukullā, Vasundharā, Dhanadā, Saṃpatpradā, divinités féminines qui composent la classe tantrique des Vidyādevīs ou Mātṛkādevīs. Mais dans ces litanies interminables les personnages sont si vagues qu'on se demande si les noms représentent encore des individualités divines distinctes, ou bien s'ils ne sont plus que le souvenir incompris des personnages mythiques qui survivent ainsi aux vieux panthéons indiens pour aller se confondre dans l'océan de l'hindouisme.

En résumé, Tārā est une divinité du buddhisme du Nord, dont le culte se propage en dehors de l'Inde dans toutes les régions où ce buddhisme est porté. Lorsque le buddhisme devient de plus en plus le culte adressé aux bodhisattvas et aux dhyānibuddhas, Tārā représente, sous forme de leur compagne, un élément féminin dont la prépondérance va croissant dans la croyance comme dans le rituel. Cet élément finira même par prévaloir sur le reste de ce panthéon composite.

vasāgaratāre vividhākāre tribhuvanasāre dūrīkṛtamāre saṃsārasāgarato māṃ uddharoddhareti so nyatra snānani pratyagamat.

Dans le ms. dev. 93, f. 109 a, est mentionné le *Sragdharā stotra* :

       Sahayām asa bhāvena Aryatārā manohari

       Taddhradasya ca madhye tu Aryatārā sulakṣmaṇī.....

       Tasmin hrade pi snānāc ca kāmaphalaṃ pralabhyate.....

       Tathāpi *çragdharādi ca Tārāstotraṃ* paṭhan mudā

       Evaṃ kṛtvā mānujāiçca vāñchāphalaṃ pralabhyate.....

1. Voir page 10. On appelle les Tārās :

       Bhrūkuṭitārā, Sitatārā, Ratnatārā, Viçvatārā.

Il faut mentionner aussi avec le sixième Dhyānibuddha Vajrasattva son épouse Vajrasattvātmikā, qui appartiennent en propre aux tantras.

F I N

TABLE DES MATIÈRES

9 782012 849365